AOMORI

47 都道府県ご当地文化百科

青森県

丸善出版 編

丸善出版

刊行によせて

　「47都道府県百科」シリーズは、2009年から刊行が開始された小百科シリーズである。さまざまな事象、名産、物産、地理の観点から、47都道府県それぞれの地域性をあぶりだし、比較しながら解説することを趣旨とし、2024年現在、既に40冊近くを数える。

　本シリーズは主に中学・高校の学校図書館や、各自治体の公共図書館、大学図書館を中心に、郷土資料として愛蔵いただいているようである。本シリーズがそもそもそのように、各地域間を比較できるレファレンスとして計画された、という点からは望ましいと思われるが、長年にわたり、それぞれの都道府県ごとにまとめたものもあれば、自分の住んでいる都道府県について、自宅の本棚におきやすいのに、という要望が編集部に多く寄せられたそうである。

　そこで、シリーズ開始から15年を数える2024年、その要望に応え、これまでに刊行した書籍の中から30タイトルを選び、47都道府県ごとに再構成し、手に取りやすい体裁で上梓しよう、というのが本シリーズの趣旨だそうである。

　各都道府県ごとにまとめられた本シリーズの目次は、まずそれぞれの都道府県の概要（知っておきたい基礎知識）を解説したうえで、次のように構成される（カギカッコ内は元となった既刊のタイトル）。

Ⅰ　歴史の文化編
　「遺跡」「国宝／重要文化財」「城郭」「戦国大名」「名門／名家」
　「博物館」「名字」
Ⅱ　食の文化編
　「米／雑穀」「こなもの」「くだもの」「魚食」「肉食」「地鶏」「汁

物」「伝統調味料」「発酵」「和菓子 / 郷土菓子」「乾物 / 干物」
Ⅲ　営みの文化編
　「伝統行事」「寺社信仰」「伝統工芸」「民話」「妖怪伝承」「高校
　野球」「やきもの」
Ⅳ　風景の文化編
　「地名由来」「商店街」「花風景」「公園 / 庭園」「温泉」

　土地の過去から始まって、その土地と人によって生み出される食
文化に進み、その食を生み出す人の営みに焦点を当て、さらに人の
営みの舞台となる風景へと向かっていく、という体系を目論んだ構
成になっているようである。
　この目次構成は、一つの都道府県の特色理解と、郷土への関心に
つながる展開になっていることがうかがえる。また、手に取りやす
くなった本書は、それぞれの都道府県に旅するにあたって、ガイド
ブックと共に手元にあって、気になった風景や寺社、歴史に食べ物
といったその背景を探るのにも役立つことだろう。
＊　　　　＊　　　　＊
　さて、そもそも47都道府県、とは何なのだろうか。47都道府県
の地域性の比較を行うという本シリーズを再構成し、47都道府県
ごとに紹介する以上、この「刊行によせて」でそのことを少し触れ
ておく必要があるだろう。
　日本の古くからの地域区分といえば、「五畿七道と六十余州」と
呼ばれる、京都を中心に道沿いに区分された8つの地域と、66の「国」
ならびに2島に分かつ区分が長年にわたり用いられてきた。律令制
の時代に始まる地域区分は、平安時代の国司制度はもちろんのこと、
武家政権時代の国ごとの守護制度などにおいて（一部の広すぎる国、
例えば陸奥などの例外はあるとはいえ）長らく政治的な区分でも
あった。江戸時代以降、政治的区分としては「三百諸侯」とも称さ
れる大名家の領地区分が実効的なものとなるが、それでもなお、令
制国一国を領すると見なされた大名を「国持」と称するなど、この
区分は日本列島の人々の念頭に残り続けた。
　それが大きく変化するのは、明治維新からである。まず地方区分

は旧来のものにさらに「北海道」が加わり、平安時代以来の陸奥・出羽の広大な範囲が複数の「国」に分割される。政治上では、まずは京・大阪・東京の大都市である「府」、中央政府の管理下にある「県」、各大名家に統治権を返上させたものの当面存続する「藩」に分割された区分は、大名家所領を反映して飛び地が多く、中央集権のもとで中央政府の政策を地方に反映させることを目指した当時としては、極めて使いづらいものになっていた。そこで、まずはこれら藩が少し整理のうえ「県」に移行する。これがいわゆる「廃藩置県」である。これらの統合が順次進められ、時にあまりに統合しすぎて逆に非効率だと慌てつつ、1889年、ようやく1道3府43県という、現在の47の区分が確定。さらに第2次世界大戦中の1943年に東京府が「東京都」になり、これでようやく1都1道2府43県、すなわち「47都道府県」と言える状態になったのである。これが現在からおよそ80年前のことである。また、この間に地方もまとめ直され、京都を中心とみるのではなく複数のブロックで扱うことが多くなった。本シリーズで使っている区分で言えば、北海道・東北・関東・北陸・甲信・東海・近畿・中国・四国・九州及び沖縄の10地方区分だが、これは今も分け方が複数存在している。

　だいたいどのような地域区分にも言えることではあるのだが、地域区分は人が引いたものである以上、どこかで恣意的なものにはなる。一応1500年以上はある日本史において、この47都道府県という区分が定着したのはわずか80年前のことに過ぎない。かといって完全に人工的なものかと言われれば、現代の47都道府県の区分の多くが旧六十余州の境目とも微妙に合致して今も旧国名が使われることがあるという点でも、境目に自然地理的な山や川が良く用いられているという点でも、何より我々が出身地としてうっかり「○○県出身」と言ってしまう点を考えても（一部例外はあるともいうが）、それもまた否である。ひとたび生み出された地域区分は、使い続けていればそれなりの実態を持つようになるし、ましてや私たちの生活からそう簡単に逃れることはできないのである。

＊　　　＊　　　＊

　各都道府県ごとにまとめ直す、ということは、本シリーズにおい

ては「あえて」という枕詞がつくだろう。47都道府県を横断的に見てきたこれまでの既刊シリーズをいったん分解し、各都道府県ごとにまとめることで、私たちが「郷土性」と認識しているものがどのようにして構築されたのか、どのように認識しているのかを、複数のジャンルを横断することで見えてくるものがきっとあるであろう。もちろん、47都道府県すべての巻を購入して、とある県のあるジャンルと、別の県のあるジャンルを比較し、その類似性や違いを考えていくことも悪くない。あるいは、各巻ごとに精読し、県の中での違いを考えてみることも考えられるだろう。

　ともかくも、地域性を考察するということは、地域を再発見することでもある。我々が普段当たり前だと思っている地域性や郷土というものからいったん身を引きはがし、一歩引いて観察し、また戻ってくることでもある。有名な小説風に言えば、「行きて帰りし」である。

　本シリーズがそのような地域性を再発見する旅の一助となることを願いたい。

2024年5月吉日　　　　　　　　　　　　　執筆者を代表して

　　　　　　　　　　　　　　　　　　　　森岡　　浩

目　　次

Ⅳ　風景の文化編　157

【注】本書は既刊シリーズを再構成して都道府県ごとにまとめたものであるため、記述内容はそれぞれの巻が刊行された年時点での情報となります

青森県

▐ 知っておきたい基礎知識 ▐

・面積：9645km²
・人口：118万人（2023年速報値）
・県庁所在地：青森市
・主要都市：弘前、八戸、五所川原（ごしょがわら）、野辺地、黒石、むつ
・県の植物：リンゴ（花）、ヒバ（木）
・県の動物：ハクチョウ、ヒラメ
・該当する旧制国：東山道陸奥国→陸奥国（旧陸奥国の分割に伴う新設）
・該当する大名：津軽藩（津軽氏）、八戸藩と南部藩（南部氏）
・農産品の名産：米、リンゴ、ニンニク、ゴボウ、トルコキキョウなど
・水産品の名産：ホタテ貝、スルメイカなど
・製造品出荷額：1億7200万円（2020年工業統計）

●県　章

青森県の県土を図案化したもの。

●ランキング1位

・**青函トンネル**　青森県津軽半島から北海道渡島半島を結ぶ全長53.85km
の大トンネル。古くから北方貿易での行き来が多く、近代には青函連絡船
がつないできた両岸を結ぶべく、湧水や地質などに注意して掘削がなされ
た。現在でも「海底トンネル」としてなら世界最長である。

●地　勢

　北東北3県の一つであり、本州の最北端にあたる。県南中央部には八甲
田山をはじめとした奥羽山脈北端部の険しい山がそびえ、その山岳地帯か
ら津軽平野を形成する岩木川、十和田湖を源流とする奥入瀬川、八戸の町
近くにそそぐ馬淵川などが流れる。ただし、県内最大の平地は津軽平野で、
東部の南部地方側には三本木原をはじめとした火山灰性の台地が続く。

　海岸線は陸奥湾を抱え込む都合上かなり長く、陸奥湾の西に津軽半島が、
東に下北半島が伸びる。津軽半島東沿岸部と、白神山地が没する津軽地方
西沿岸部はかなり平地が狭い一方、岩木川河口付近には潟湖である十三湖
をはじめとした砂浜海岸が広がる。南部地方の東沿岸も、国内最大の砂丘
である猿ヶ森砂丘や、その砂丘によって形成された小川原湖などが広がっ
ている。ただし、下北半島北部に来ると、火山灰性の地質が海食を受けた
断崖「仏ヶ浦」などをはじめとした奇勝が広がる。

　山岳地帯としては奥入瀬渓流の渓谷美と明治時代の雪中行軍遭難事件で
有名な八甲田山、津軽富士とも呼ばれる岩木山、下北半島北部の霊場とし
て知られる恐山などがあげられる。特に八甲田山周辺は麓の青森市を含め
て豪雪地帯として知られ、津軽地方ともども積雪量は全国屈指である。

●主要都市

・**青森市**　県庁所在地にして、中世の陸奥湾沿岸に発達した港町に起源を
持つ。ただし、現代の青森港は江戸時代初期に津軽藩主によって開かれた
ものが直接の由来である。青函連絡船の発着点として、また東北本線の終
着点として、北海道と本州をつなぐ要の港町として栄えてきた。

・**弘前市**　津軽藩の城下町に由来する、津軽地区の中心都市。現存する天
守を中心に広がる武家屋敷や寺が織り成す町並み、旧城下町に由来する街
路や道筋が現在も江戸時代の面影を残す。春の桜でも有名。

・八戸市　南部藩の支藩、八戸藩の城下町にして港町として栄えた南部地区の中心都市。古くは南部氏がこの近郊の「根城」に本拠地を置いていたが、近世になって盛岡に本拠地が移された。

・五所川原市　津軽中北部の中心地で、江戸時代以降に岩木川沿いの新田開発が進むことによって徐々に発達した。ここで分岐する津軽鉄道は、冬の「ストーブ列車」で有名である。また、合併によって五所川原市の一部となった金木町は、作家の太宰治の出身地として知られている。

・黒石市　津軽地方の弘前近郊にある小都市。豪雪に対応して長くつくられたひさしのある街並み、「こみち」で知られる。

・むつ市　もともとは「大湊田名部市」という名前だったものが、1960年に全国に先駆けてひらがな市名を採用した、という経緯を持つ都市。大湊は旧帝国海軍の拠点として現在でも海上自衛隊がおかれ、田名部は南部藩の代官所がおかれた下北半島の中心地として栄えてきた。

・十和田市　火山灰地の原野が広がっていた三本木原に、江戸時代末期から奥入瀬川の水を引いて畑や牧場を開拓し、その中心として形成された農業都市。牧場なども計画に織り込んで作られた町は、碁盤の目の計画都市としても知られる。

●主要な国宝

・櫛引八幡宮奉納の鎧2領　八戸市の郊外にある、南部藩主南部氏が篤く崇敬した神社。その由来は鎌倉時代にまでさかのぼるとされる。同社に所蔵される鎧とは、一つは鎌倉時代末期のものと推定される「菊一文字」とも呼ばれる赤い大袖つきの鎧「赤糸威鎧」、もう一つは「白糸威褄取鎧」という白い糸の縁取りを施した南北朝時代の鎧である。なお、伝承では、奥州藤原氏滅亡の少し後、南部氏の初代である南部光行の創建になるものとされてきたが、南部氏が糠部郡と呼ばれていたこの地域を実際に掌握するのは鎌倉時代の中でもより後期だろう、とするのが現在の通説である。

・風張1遺跡出土の合掌土偶　八戸市近くを流れる新井田川のほとりにある縄文時代の遺跡で発見された。この遺跡でほぼ完全な状態で発見された土偶はこれのみで、かつすでに当時の修復の痕跡があること、蹲い合掌している形状のこのような土偶は全国に広げても同じ青森県内にしか類例が見つかっていないことから、貴重な品として知られている。

●県の木秘話

・リンゴ　津軽地方を中心に栽培される果樹。稲作が盛んとはいえ基本的に冷涼で冷害が多発する津軽の気候に対応する作物の捜索の中、1875年に県庁に苗木が届いて以来、害虫による木の被害、値崩れなど幾度かの危機を経て、地域の主産品へと成長した。

・ヒ　バ　東北地方から北海道渡島半島にかけて自生する、「アスナロ」とも呼ばれる針葉樹。ヒノキに似た質を持ち、津軽半島・下北半島などの広範囲で産出された。ただし、明治以降になってから、青森のものは「ヒノキアスナロ」と呼ばれる別種であることが判明している。湿気につよく、橋などに用いられると共に、津軽塗や曲げ物などの地元製品にも用いられた。

●主な有名観光地

・十和田湖と奥入瀬渓流　内陸部の広大なカルデラ湖である十和田湖から流れ出す奥入瀬川の上流部の渓谷を指す。特に紅葉が有名。古くは山岳信仰の霊場だったが廃仏毀釈で大きく衰退し、その後、20世紀初頭に改めて景勝地として見出されたという歴史を持つ。

・蕪　島　海鳥の営巣地として天然記念物に指定されている島。八戸市の近郊にある。一帯は三陸海岸の最北端である種差海岸にあたるが、リアス式海岸というよりは、海岸段丘が構成する断崖が各所にある地形である。

・弘前城下町　多数の寺院が集まる禅林街や、現存天守の一つでもある弘前城などといったスポットがあり、また都市の街路自体も旧城下町の名残を色濃く残している。

・白神山地　世界自然遺産にも認定されている、広大な現生ブナ林が広がる山地。林業が古くから盛んな秋田～青森の県境地域（秋田県北は大館を中心とした秋田杉の主要産地）においてこの原生林が残ったのは、山が峻険すぎて奥地まで人があまり入らなかったことが大きい。

・三内丸山遺跡　青森市郊外にある、縄文時代の拠点集落の遺跡。出土品も豊富だが、その中には北海道の黒曜石、新潟県糸魚川の翡翠、岩手県久慈の琥珀などが見つかっており、当時の北方地域のモノと交流を如実に物語っている。

・恐　山　下北半島北部にあるカルデラ湖の宇曽利山湖を取り巻く火山を

中心とした霊場。火山活動や火山ガスによって生まれた奇岩の多い荒涼とした風景と、湖のほとりの穏やかな光景が、古くから地獄と極楽に例えられてきた。また、古くから東北地方において活動してきた霊媒「イタコ」の存在によっても知られてきたが、近年、その人数は大きく減少している。

●文　化

・ねぶた（ねぷた、佞武多）祭　秋田県能代（のしろ）から青森市にかけての一帯において、名前は少しずつ違うが行われている、灯篭のように発光する巨大な人形が練り歩く夏祭り。青森市のものは特に「はねと」と呼ばれる踊り子とその巨大さで有名である。もともと灯篭は江戸時代から当時の基準でも巨大だったものの、戦後になってさらに巨大化したという。

・八戸三社大祭　八戸市で江戸時代以来開催されている、市内の3つの神社が合同して執り行う夏の大祭。こちらは山車が巨大なことが有名である。

・太宰治　青森県を代表する作家のひとり。津軽中部の豪農の家に生まれ、戦前〜戦後直後の無頼派（ぶらいは）と呼ばれる中に多数の名作を残した。青森を題材にしたのは紀行文学の『津軽』だが、そこにおいては津軽について「汝を愛し、汝を憎む」と、自身が生粋の津軽人であることを踏まえて、悪口を言いつつも他国に見くびられたら不愉快に思うだろう、とどこか軽妙洒脱に語っている。

●食べ物

・貝焼き味噌（かや）　陸奥湾で取れる巨大なホタテの貝殻を鍋替わりに、味噌や海の幸、卵を入れて煮たてた料理。現在でもホタテの生産で知られる陸奥湾だが、江戸時代には巨大な貝殻をもつホタテがよく取れ、この料理に繋がったとされる。

・じゃっぱ汁　タラのアラ（捌いた後のひれ・頭などの残り。津軽地方では「じゃっぱ」とも呼ばれる）を野菜・味噌で煮た汁物。タラは日本海の広範囲や陸奥湾で獲れ、特に江戸時代には津軽藩から徳川将軍家にも献上されたという。

・南部せんべい汁　八戸周辺で食べられる、小麦などで焼いた塩味のせんべいを、汁物に入れて食べるもの。南部地方は稲の生育には厳しい冷涼さのため、小麦・雑穀も多く生産されており、この料理のルーツ自体も18世紀の天保（てんぽう）の大飢饉のころと推定されている。ただし、現在使われているせ

んべい自体は、戦後にせんべい汁に合わせるべく開発されたものである。

●歴　史

●古　代

　有名な三内丸山遺跡をはじめ、青森県を中心とした北東北には縄文時代の遺跡がいくつも存在している。その期間は15000年前〜2400年前までの長期間に及び、三内丸山遺跡は3000年前の気候温暖期のものと推定されている。平地や山地が近接し、海では海流の潮目も近いこの一帯は食料確保に適していたと推定されている。

　本州島北端に位置するこの地域は、同時にさらに北海道（当時でいうところの「渡島」「蝦夷」）に向かうための拠点になりうる地域であり、7世紀に当時の天皇が、秋田県に勢力を広げる過程で津軽地方とみられる土地の「郡領」を任命したという記述が『日本書紀』に登場する。ただしこれは近畿地方の朝廷の支配下にはいったというより、地元のエミシの有力者の支配を追認したと考えられている。実際、「津軽郡」という表記については平安時代を通じて朝廷側の記録に登場していない。しかしだからと言って孤立していたわけでもなく、この時代の集落や製鉄の遺跡が津軽平野で発見されている。特に朝廷支配下にはいっていないというのは、当時朝廷支配地の最北端がはるか南の岩手県中部地方であった南部地方も同様で、こちらでも遺跡に交易で入手したとみられる鉄製品が発見されている。

●中　世

　平安時代の後期の11世紀、奥州藤原氏が勢力を強める過程で青森県の県域にも影響力が広がり、これによって津軽地方・南部地方の双方に郡が設けられたとされている（延久蝦夷合戦）。この合戦が実際にはどういう結果になったのかは現在でも判然としないとはいえ、青森県域が日本列島中央部に由来する権力を背景とした勢力の支配下にはいったことは確かではある。このころ、擦文文化の時代にあたる北海道とは北方貿易が盛んになりつつあり、その拠点の一つは岩木川の河口の十三湖のほとり、今の十三湊あたりだと推定されている。このころから記録には、十三湊近くの城（福島城）に奥州藤原氏の一族が入ったなどの記載が散見されるようになる。また、藤原清衡が整備した道を表す笠卒塔婆が「白河の関から外ヶ

浜まで」建立されたという記述からも、このあたりが陸奥最北端にあたるという認識は広がりつつあった（外ヶ浜は津軽地方の陸奥湾沿岸を指す呼び名）。

　北方の産品といえば当時としては貴重なものが多く、このためもあって、奥州藤原氏が滅ぼされて鎌倉幕府の支配下となったのち、さらに執権北条氏が地頭となった。北条氏が地頭業務の実務として送り込んだ代理人となる御家人は、「蝦夷沙汰」として津軽・渡島一帯のエミシへの軍事・交易双方の実務を担当するなど大きな権力を持つことになった。この代理人となった一族が安東氏で、以降、安東氏はこの一帯の北方貿易及び支配において有力な武士となり、本拠地十三湊は北方貿易の中心地として、その全盛期が過ぎてなお「三津七湊」（中世日本の主要港）の一角に数えられるほどにぎわった。安東氏は室町時代に、南部氏の拡大によって津軽からは追い出されるものの、渡島南部、出羽北部（後の秋田氏）には依然勢力を保持した。そして前者では蠣崎氏が安東氏から独立してなお安東氏一門に連なるものとして江戸時代が終わるまで蝦夷地を支配し、後者は陸奥三春（福島県）に転封させられるものの幕末までその命脈を保った。また、青森県域の北方貿易自体も、大浜（油川、現在の青森市）や、上北の野辺地が代わって拠点となって栄えた。

　この間、平安後期から「糠部郡」と呼ばれるようになった一帯では、南部氏が八戸・三戸あたりを中心として鎌倉時代後半から勢力を拡大。彼らの名をとって一帯は後に「南部」と呼ばれるようになるが、この地方は馬の大産地であった。一族内での内紛はあるものの、彼ら南部氏は岩手県から南部地方にかけての一帯、さらに津軽地方を15世紀初頭には制圧し大勢力を誇るようになる。

　ところが、津軽に勢力を持っていた大浦氏の当主であった大浦為信が、東北地方では当時よく見られた小領主間の内紛・主従関係の弱さに付け込んで勢力を拡大。さらには戦国時代末期の1590年頃、豊臣秀吉の奥州への勢力北上に乗じて南部氏から独立した家として認められ、これ以降、津軽氏を名乗るようになる。これだけが原因というわけでもないだろうが、このことが南部地方と津軽地方の長年の対立の一因として、現代までよく語られるようになる。

●近 世

　こうして、津軽地方の津軽氏、南部地方の八戸南部氏、及び盛岡領主南部氏の支配下ということで始まった近世は、これ以降300年の間領主の交代はなく進む。津軽地方では岩木川などの平野の治水が行われ、耕作地が拡大する一方、南部地方ともども冷害・飢饉が頻発した。また、北方貿易という点では松前への入り口として、引き続き日本海貿易の船が域内の青森や鯵ヶ沢、深浦などに寄港して繁栄を誇った。

　南部地方は南の薩摩島津氏と同様、中世以来の転封なしの領主という珍しい状態で江戸時代を過ごすが、北方かつ季節風のやませをまともに受け土地も肥えていないこの地方の生活および藩の財政難も深刻で、岩手県ともども、領内では度々一揆が発生し、また海峡を渡って松前などへの出稼ぎも多数あったという。とはいえ、馬は引き続き名産であり、藩によって移動の規制などが出される程の出荷・生産管理が行われている。この馬市は田名部などで行われた。

　また、意外と知られていないこととして、津軽地方・南部地方ともに、北海道から移住したアイヌが暮らしていたことがあげられる。津軽の記録ではシャクシャインの戦いを機に逃れた者も多かったことが記されているが、18世紀以降、津軽藩の同化政策もあって徐々に埋没していった。南部地方では下北半島に多く暮らしていたといい、こちらの文献は少ないものの、藩主からの呼び出しもあったと記録にある。

　また、北方情勢は依然として青森県の領主たちに影響を与え続けた。18世紀末にロシア船が蝦夷地周辺に見られるようになると、1807年には幕府が津軽藩・南部藩を含む東北地方の諸藩に、沿岸防備のため藩士を派遣するように命令。津軽藩はこの時、蝦夷地の寒さへの不慣れから、知床半島の斜里での冬越しにおいて多数の死者を出している。また、南部藩（盛岡）・津軽藩ともにこのために、名目上の石高（表高）をそれぞれ10万石と20万石に上方修正されたものの、この北方防備の負担もあって財政難が深刻化している。1859年、再度の蝦夷地幕府直轄化に伴い、津軽藩は蝦夷地瀬棚の周辺、南部藩（盛岡）は噴火湾（内浦湾）の沿岸の防備を任されるが、その少し後に明治維新となる。

● 近　代

　津軽藩・南部藩ともに戊辰戦争では奥羽越列藩同盟に参加するものの、津軽藩は当初から新政府寄りの面が強く、早い段階で奥羽越列藩同盟を脱退し、以降は新政府側となっている。南部藩は敗戦と降伏により陸奥白石に転封、その後復帰運動が試みられるも、借金があまりにも多く、1870年に廃藩置県に先駆けて領地返上・盛岡県設置という異例の事態が発生した。1871年、既に旧藩を元に設けられていた各県が合併。同年中に県庁所在地は、すでに幕末から北海道への渡海地に指定された港町であり、かつ新県の中央部に位置する青森へと移転した。これにより、青森県が成立する。以降の青森県は、北海道への出入り口、かつ重要航路の一つである津軽海峡を望む農業県としての歴史を歩む。特にリンゴ栽培は近代以降津軽の産業として広まったものの一つである

　近現代を通じて大都市圏への出稼ぎが多く、経済的には豊かではなかった本県では度々、小川原湖周辺の開発をはじめ経済開発がこころみられてきた。

【参考文献】
・小口雅史ほか『青森県の歴史』山川出版社、2012
・青森県史編さん通史部会編『青森県史』全36巻、青森県史友の会、2000-18

I

歴史の文化編

遺　跡

亀ヶ岡遺跡（遮光器土偶）

地域の特色　青森県は、東北地方の最北部に位置する県。東は太平洋に、西は日本海に面しており、北は津軽海峡を隔てて北海道に臨み、三方を海に囲まれている。那須火山帯に重なる奥羽山脈が県中央を縦貫し、最高峰八甲田山（1,585m）により東西に地域を二分する。東は南部地方で火山灰に覆われた台地や段丘が広く分布する。西は津軽地方で、広大な沖積平野と山地とが大部分を占めている。南部地方北端には下北半島が位置し、津軽地方北端には山地と丘陵とからなる津軽半島がある。2つの半島に囲まれて陸奥湾が形成され、南側には日本最北端の椿の天然林が位置する夏泊半島が存在する。こうした地形を反映して、南部地方は太平洋岸型の気候、津軽地方は日本海型の気候であり、特に冬の降雪量などに違いがある。

　三内丸山遺跡をはじめとして、縄文時代の遺跡が丘陵端や台地を中心として県内各地に数多く認められており、特に大平山元遺跡は日本列島において、最古級の土器が出土したことで知られている。弥生時代以降、古代の遺跡は多くないが、いわゆる律令制下において「蝦夷」と呼ばれた人々の痕跡が認められ、北海道の続縄文文化や擦文文化に属する土器が県内で多く出土するなど、北方文化との密接なつながりを見ることができる。アイヌ系地名が豊富に見出されることも、その傍証として評価されている。

　阿倍比羅夫の蝦夷征討の際に、小田山（八甲田山）の麓に熊野三所大権現を祀った熊野奥照神社をはじめ古い起源をもつ神社や伝説も多い。津軽地方の七夕祭である「佞武多」は坂上田村麻呂が蝦夷をおびきよせるのに用いたのが起源であるとする伝説などもある。中世には安藤（安東）氏、後の津軽氏や南部氏が割拠し、江戸時代には、弘前藩南部家、盛岡藩津軽家、黒石藩津軽家、八戸藩南部家などが支配した。

　1868年、盛岡藩の一部が三戸県になる。1969年、八戸、七戸、弘前、黒石藩が成立。1970年には会津藩が移封し、斗南藩が成立した。1871年

　凡例　史：国特別史跡・国史跡に指定されている遺跡

の廃藩置県により、弘前、黒石、斗南、七戸、八戸、館の諸県が併存したが、同年9月に諸県を弘前県に合併、さらに青森県と改称。同年11月青森県を新置した。1873年には二戸郡を岩手県に移管、現在の県域が確定した。

主な遺跡

長者久保遺跡
*上北郡東北町：小川原湖に注ぐ七戸川支流の土場川左岸丘陵、標高65mに位置　時代　旧石器時代終末期

　1962〜64年にかけて山内清男や佐藤達雄らによって発掘調査が行われた。7層の文化層を有し、第5層からは尖頭器、掻器、打製石斧のほか、山内清男が極東シベリアの新石器文化と並行する4,000年前後のものと主張した円鑿形局部磨製石斧が出土している。断面形態が正三角形を呈する点が特徴的である。土器は出土していないものの、後に述べる大平山元Ⅰ遺跡と並び、縄文時代の開始年代をとらえるうえで重要な遺跡である。なお、県内では石灰岩地帯の下北半島にも第四紀の哺乳類化石や旧石器時代の遺跡が認められ、物見台1遺跡（東通村）や尻労安倍洞窟（東通村）などが知られる。尻労安倍洞窟では、ナイフ形石器・台形石器とともにノウサギ属やヒグマ、大型偶蹄類などの動物遺体が検出され、資料の乏しい旧石器時代の狩猟採集活動を知るうえで、大きな成果を上げている。

大平山元遺跡
*東津軽郡外ヶ浜町：蟹田川左岸の河岸段丘上、標高26〜30mに位置　時代　旧石器時代〜縄文時代草創期　史

　1975年以降、発掘調査が行われており、Ⅰ〜Ⅳの地点に分かれている。特に大平山元Ⅰ遺跡からは、縄文土器に付着した炭化物のAMS-14C年代測定法により1万6,500年前（較正年代）の値が算出されている。平底の無文土器で、草創期の土器型式である隆起線文土器よりも先行するものととらえられている。石器も多く検出されており、Ⅱ・Ⅲ遺跡では礫群や石器製作跡が認められ、Ⅲ遺跡では細石刃製作の石核・扇形剥片石器などが出土している。特に「大平山元技法」と呼ばれる大型尖頭器をベースとした扇状削片とスキー状削片から彫器をつくり出す方法は特筆される。また、局部磨製石斧や打製石斧、石鏃が認められ、いわゆる新石器文化である縄文文化への過渡期を示す遺跡として注目されている。

最花貝塚
*むつ市：田名部川支流、青平川左岸の斗南丘台地、標高25〜26mに位置　時代　縄文時代中期末

　1947〜48年に八幡一郎らによって竪穴住居跡や人骨が発見され、以後酒詰仲男、江坂輝彌らによって断続的に調査が行われた。A〜Dの4地

点があり、弧状ないし馬蹄形を呈し、下北地方で最大の貝塚である。貝層は汽水性のヤマトシジミが99％を占め、貝類18種、魚類24種、哺乳類16種、鳥類11種で、ハクチョウも認められた。また、現在も検討が続く「最花式」と称される縄文中期末葉の土器が出土している。

是川遺跡 これかわ　　＊むつ市：新井田川左岸に位置　時代 縄文時代前期～晩期　史

　一王子、中居、堀田の3遺跡群の総称。中居、堀田は低位河岸段丘上標高10～16m、一王子は丘陵斜面標高20～30mに位置する。特に是川中居遺跡は1913年より発掘が行われ、1920～28年にかけて断続的に発掘された。1926年に発見された木製品類は、遺跡を全国的に著名なものとした。遺跡南側に湿地が形成され、泥炭層中より、漆を施した飾り太刀や弓、椀、高杯、櫛のほか、装飾の施された板状木製品（形状から二弦琴状の楽器とも推定される）、藍胎漆器と呼ばれる樹皮や蔓で編んだ籠に漆を施した製品などが出土した。きわめて高い漆工および木工技術を呈している。

　土器には、いわゆる煮焚き用とされる半粗製、粗製土器のほか、「亀ヶ岡式土器」と称される美しい装飾文様を施文された注口形や香炉形の特殊な器形の土器が多数検出された。その精製土器の割合は1割程度で、祭祀などで用いられた可能性も指摘される。赤や黒の漆が施されたものも多く、亀ヶ岡文化の特徴として知られている。

　是川遺跡は、当初から地元の泉山岩次郎、斐次郎兄弟が私費により遺物を収集し、資料の散逸防止に努めてきたもので、戦前に発見された資料の大部分を保管してきた。戦後、県に寄贈され、現在は国指定重要文化財となっている。また是川堀田遺跡は考古学史上著名な「ミネルヴァ論争」の舞台となった遺跡である。山内清男が東西日本での縄文文化の終末に年代的な差はないとしたのに対して、喜田貞吉は宋銭や鉄滓がこの遺跡や岩手県東磐井郡大原町の縄文時代の遺跡から出土することを根拠として、東北地方の縄文文化は平安時代末まで続くと主張した。結果は山内説に落ち着いたものの、発掘手法の問題点を示した論争ということができる。

　なお、1989年には新井田川を挟んで是川遺跡の対岸にある風張1遺跡から、縄文時代後期後半の「合掌土偶」が発掘されている。風張1遺跡からは約70点の土偶が出土しているが、完形はこの土偶だけである。また新井田川右岸の段丘上、標高約50mに位置する松石橋遺跡（八戸市）からは、「被籠土器」と呼ばれる籠の網目痕が認められる土器が出土した。この土器は、弥生時代前期の遠賀川系土器との関わりが指摘されており、縄文時

代晩期の東北地方での文化的変化の様相がうかがい知れる。

亀ヶ岡遺跡
（かめ が おか）

＊つがる市：屏風山丘陵の一角、飯岡支丘、標高4〜16mに位置　**時代** 縄文時代晩期　**史**

いわゆる「亀ヶ岡文化」の標識遺跡である。古くから関心が注がれており、北畠氏の家記『永禄日記』（えいろくにっき）の1623（元和9）年の記事には、土器の出土と「亀ヶ岡」の地名が記されている。ただし、異本ではその記述がないなど、後世の補筆をうかがわせる点もあり、菅江真澄（すがえ ますみ）の関与も指摘されている。1889年に若林勝邦（わかばやしかつくに）による発掘が行われ、以後断続的に調査が行われる。特に1887年に住民が発見した「遮光器土偶（しゃこうき どぐう）（重要文化財）」は、亀ヶ岡遺跡の名を全国に知らしめた。戦後、慶應義塾大学や県教育委員会、青森県郷土館などにより調査が進められている。

遺物は低湿地部分において多く出土し、泥炭層の上層、泥質土層より晩期の大洞（おおほら）B式〜A′式土器（山内清男が大洞遺跡（岩手県大船渡市）出土土器より分類した6型式）や石器、土製品、漆製品などが認められる。また丘陵部の発掘では土坑墓が検出されている。亀ヶ岡式の特徴は、精製・半精製・粗製をつくり分け、鉢形、皿形、壺形、注口形、香炉形などの器種を使い分けていた点があげられる。特徴的な装飾や文様をもつ土器、土偶（ぐう）、漆工芸の技術などのほか、近年ではガラス玉や勾玉（まがたま）、モミなど、弥生文化の様相をうかがわせる遺物も認められ、その文化の成熟度とともに、縄文文化と新たな文化との関わり方をとらえるうえで重要な遺跡である。

三内丸山遺跡
（さんないまるやま）

＊青森市：八甲田山につながる台地の縁辺部、標高約20mに位置　**時代** 縄文時代前期末〜中期　**史**

1953〜67年にかけて、慶應義塾大学や青森市教育委員会により発掘が行われ、以後断続的な調査がなされてきたが、1992年に県営野球場建設に伴う発掘調査で巨大な集落の姿が明らかとなり、一躍脚光を浴びた。500棟を超える竪穴住居跡はもちろん、長さ32m、幅10mを呈する大型の竪穴住居跡、また掘立柱建物跡や環状配石墓（かんじょうはいせきぼ）、貯蔵穴と考えられる巨大な土坑、土器、石器、土偶やヒスイ製品などの生活廃棄物や廃土を捨てて形成された2mを超える盛土、道路といった土木工事の痕跡も認められた。特に直径1mのクリの巨木の柱6本を用いた掘立柱建物跡は、現在復元されて、遺跡のシンボル的な存在となっている。柱の下部を焦がして腐朽しづらくするなど、当時の技術力の一端を見ることができる。また自然遺物では、動物骨ではノウサギやムササビなどの小動物が認められ、シカ、イノシシなどが少ない点は特徴的である。植物種子では、クリ、オニグル

ミ、トチのほか、ヒョウタン、ゴボウ、マメなどの栽培植物が出土した。特にDNA分析によりクリの栽培の可能性が指摘された点は特筆される。

土器はいわゆる「円筒式」であり、縄文時代前期末〜中期に比定される。木製品や漆製品も出土しており、針葉樹（ヒノキ科）の樹皮で編まれた「縄文ポシェット」は有名である。また、釣針や銛といった骨角器も多数出土している。また、土偶は2,000点以上出土しているが、元来円筒土器文化では岩偶が発達し、土偶をもたなかったが、前期末葉に大木式土器文化の影響から土偶が出現する。立たせることを目的としない板状土偶である点も特徴的。三内地域における遺跡からは、土偶が多数出土しており、そうした祭祀を基調とする文化的結びつきが存在した可能性も指摘されている。新たな研究を通じて、縄文文化のイメージを大きく変えつつある。

垂柳遺跡（たれやなぎ）　＊南津軽郡田舎館村：浅瀬石川下流の沖積扇状地、標高約30mに位置　時代 弥生時代中期　史

戦後1956年に実施された土地区画整理事業に際して、地元の田舎館中学校の教員であった工藤正によってモミ痕の認められる土器などが発見された。1958年に東北大学の伊東信雄らが調査を行い、炭化米の出土などから日本最北端の弥生時代中期の稲作の痕跡として、注目を浴びた。学会では冷涼な土地性から稲作の存在を疑問視する声もあったが、1982年、本格的な発掘調査が行われ、規則性を有する区画をもつ水田跡が656面のほか、畦畔や水路などが検出されたことで、東北地方における稲作を伴う弥生文化の存在が名実ともに認められた。

特筆されるのは、112面の水田跡から1,586個の足跡が検出されたことであろう。その足跡は子どもから大人までさまざまであり、足跡のない空間にはイネが生育していたと考えられ、おそらく直播き（苗の移植栽培ではなく、直接水田にモミをまく方法）であった可能性が指摘されている。遺物としては、沈線、変形工字、鋸歯状、列点などの文様を有する田舎館式土器や扁平片刃石斧、石鏃、磨石のほか、イネ科植物のプラントオパールや花粉なども検出されている。石鏃の存在から、狩猟が生業活動の一端を担っていたことを示し、生業形態の縄文文化との関わりや農耕へ移行過程を考えるうえでも貴重な遺跡といえよう。

なお、岩木山麓の標高17m、灌漑用の砂沢溜池内より発見された砂沢遺跡（弘前市）では、1987年の発掘調査で水田跡6枚が発見され、弥生時代の水田跡としては日本最北、東日本最古と評価されている。炭化米のほか、碧玉製の管玉も検出され、出土した土器（砂沢式）にはモミ痕の付着

したものも認められることから、弥生時代初頭に属する土器と考えられている。縄文時代最終末の大洞式土器の技法や器種を受け継ぎながらも、甕・壺などの弥生文化の特徴的な器種が共伴しており、東北地方における初期の弥生文化の実態をとらえていくうえで、貴重な遺跡となっている。

十三湊遺跡
*五所川原市：十三湖の西、半島状に伸びる砂州上、標高1.7〜2.5mに位置 時代 室町時代 史

　1991〜93年にかけて、国立歴史民俗博物館、富山大学考古学研究室などが総合的な学術調査を行い、現在まで調査が継続されている。中世の十三湊の姿はかなり明瞭なものになってきている。遺構としては、大土塁や船着場、大型の礎石建物や道路、溝などが検出された。ここ十三湊は、中世の日本海における海運や北方交易を担った安藤氏の拠点であったとされているが、館と推定される遺構は、12世紀代には確実に認められ、その後の13世紀後半から14世紀末にかけて町屋などの都市計画も進められたと考えられる。しかし、15世紀中頃には大きな土地利用の変化が認められることから、安藤氏が南部氏との戦争に敗れて北海道へ退去したとされる時期とも関わり、注目される。遺物としては、中国、朝鮮半島からの輸入陶磁器類や、珠洲焼、古瀬戸といった陶器類が多量に出土し、2万枚以上の埋蔵銭も認められている。

　近隣には、福島城跡（五所川原市）があり、高さ3〜4mの土塁や城門、柵跡なども検出されている。城域は一辺1kmほどの三角形を呈し、西寄りに方形の郭を有している。十三湖を挟んで十三湊遺跡とは対岸に位置し、安藤氏の居城とも評価されていたが、近年では10世紀後半以降に構築されたと考えられており、安藤氏との関係は薄いものと考えられる。

浪岡城跡
*青森市：浪岡川右岸の標高約40mに位置 時代 室町時代 史

　1977年以降、史跡整備に伴う発掘調査が実施されている。8つの郭から構成され、城の中心である「内館」と「北館」、「東館」、「西館」および堀跡の一部が調査された。掘立柱建物跡、井戸、土居、溝のほか、鉄や銅製品を製作した跡も認められている。遺物は青白磁や染付など舶載磁器や武具、農工具、仏具類、文房具をはじめ豊富な生活用具が出土している。銅製品や茶臼といった石製品も認められている。浪岡城は南北朝期の北畠顕家の子孫の居城とされており、公家の日記など史料にも登場するが、1578（天正6）年、大浦（後の津軽）為信によって落城した。

国宝／重要文化財

合掌土偶

地域の特性

　本州の最北端に位置し、県中央を南北に走る奥羽山脈によって太平洋側と日本海側に分かれる。奥羽山脈を境にして日本海側には積雪が多く、津軽地方では古くから稲作が行われた。太平洋側は雪が少なく晴天も多いが、冷たい偏東風（やませ）が吹いて冷害凶作になりやすい。太平洋側の南部地方では畑作と馬の畜産が発展した。この東西の気候風土の違いは、生活慣習や祭礼にも反映されている。

　古くは、中央から見て「みちのく（道の奥）」、陸奥と呼ばれていた。『日本書紀』に蝦夷の名で津軽の人が登場している。戦国時代に勢力を伸ばした津軽為信が弘前藩の初代藩主となり、弘前城が築かれた。一方、鎌倉時代に糠部郡（青森県東部から岩手県北部）に土着した南部氏が、1599年に盛岡に居城を築いて、盛岡藩ができた。弘前藩と支藩の黒石藩、盛岡藩と支藩の八戸藩、合計四つの藩が明治維新の廃藩置県で青森県となった。

国宝／重要文化財の特色

　美術工芸品の国宝は3件、重要文化財は22件である。そのうち遺跡から出土した縄文時代の考古資料が多い。縄文人の暮らしや、本州最北での稲作開始を考古資料が示している。それ以外は中世の甲冑と太刀、仏像などがある。建造物に国宝はなく、桃山時代以降の建造物32件が重要文化財となっている。中世末期に確固とした統治体制を津軽と南部に築いた戦国大名が、江戸時代に弘前藩と盛岡藩の藩主となった。津軽氏は長勝寺、南部氏は櫛引八幡宮を再建した。長勝寺には藩主を祀る霊屋が建てられ、櫛引八幡宮には南部氏が奉納した美麗な甲冑がある。

◎三内丸山遺跡出土品

青森市の青森県立郷土館で収蔵・展示。縄文時代前期・中期の考古資料。三内丸山遺跡は、青森市を北東へ流れる沖館川の右岸台地上に営まれた大規模な集落遺

　凡例　●：国宝、◎：重要文化財

跡である。県営野球場建設のため1992年から発掘調査が開始されたが、重要な遺構・遺物が相次いで発見されたため、野球場建設が中止され、1997年に史跡、2000年には特別史跡に指定された。盛土、大型竪穴住居跡、掘立柱建物跡、道路跡に沿った墓列など、多数の遺構とともに膨大な数量の遺物が出土した。そのうち第6鉄塔地点と竪穴住居跡から出土した土器・土製品、石器・石製品、骨角牙貝製品、木製品、編物の1,958点が重要文化財に指定された。珍しい遺物として十字型をした大型板状土偶、骨角製の針・釣針・銛頭・ヘアピン・ペンダント、石製の装身具、漆塗り木製品、編籠などがあげられる。編籠は高さ約15cmで、ヒノキ科に属する針葉樹の樹皮を細長い紐にして編み上げている。縄文時代のものとしてはほかに類例がなく、縄文ポシェットと呼ばれている。第6鉄塔地点は低湿地だったため、有機質の保存状態が良好で、約5,500年前の編籠が腐敗せずに出土したのである。

● 土偶　八戸市の八戸市埋蔵文化財センター是川縄文館で収蔵・展示。縄文時代後期の考古資料。八戸市中央を北に流れる新井田川右岸にある風張1遺跡から出土した。風張1遺跡は、土坑墓群を中心に周辺に掘立柱建物、竪穴住居が多数建てられ、全体が環状となった拠点的集落遺跡である。この遺跡から出土した遺物666点が、1997年に重要文化財に指定され、さらに土偶1点が2009年に国宝に指定された。

　土偶は像高約20cmで、しゃがんで手を合わせたポーズをしていることから「合掌土偶」と呼ばれている。竪穴住居の出入口とは反対側の壁際から、左足部分を欠いた状態で見つかった。左足部分は、同じ住居の2.5m離れた西側の床面から出土した。一般に土偶は、一部を打ち欠いた状態で捨て場などから出土する事例が多く、竪穴住居跡から完全な形で出土したのは珍しい。額から鼻、目と口を細い隆帯で表現し、胴部中央に縦の刺突文が並ぶ。胴部と手足には、細い沈線で区切られた部分に縄文が装飾されている。顔面と胴部の一部に赤色顔料が認められ、全体が赤く彩色されていた可能性がある。両腿の付け根および膝と腕が割れていて、割れた部分はアスファルトで修復されていたので、長く大切に扱われたと推測されている。なお同館内では、縄文文化の造形美を示す是川遺跡出土品も多数展示されている。

◎ 砂沢遺跡出土品　弘前市の藤田記念庭園考古館で収蔵・展示。弥生時代前期の考古資料。砂沢遺跡は、岩木山東麓

の裾野にある砂沢溜池の中にあり、縄文時代から弥生時代にかけての遺跡である。1984〜88年に発掘調査が行われ、縄文時代の堅穴住居跡、弥生時代前期の水田跡や溝、捨て場が見つかり、大量の遺物が出土した。そのうち土器・土製品、石器・石製品、炭化米の230点が重要文化財に指定された。紀元前200〜100年の水田跡が6枚発見され、南から北へ徐々に低くつくられていた。弥生時代の水田跡としては日本で最北に位置し、東日本では最も古い。水田の形はほぼ長方形で、高さ約15cmの畔（あぜ）で区画され、面積は全体がわかるもので80m²、最も大きいものは205m²と推定された。炭化米が出土し稲作が行われていたのは確実だが、267点もの石鏃（せきぞく）（やじり）が出土したので、狩猟活動も盛んだったことを示している。縄文時代末期に狩猟・採集・漁労を営みながら集落で暮らしていた砂沢遺跡の人々が、北上してきた稲作技術を取り入れて、試験的に水田耕作を始めたのである。

●赤糸威鎧（あかいとおどしよろい）

八戸市の櫛引八幡宮国宝館（くしひきはちまんぐうこくほうかん）で収蔵・展示。鎌倉時代末期の工芸品。兜（かぶと）と大袖（おおそで）の付いた大鎧（おおよろい）である。大鎧とは、弓を持ち馬に乗った1対1の戦いで、矢から身を守るためにつくられた鎧である。南北朝から室町時代になると、戦いは騎馬による個人戦から槍を使用する集団戦へと変化し、胴丸（どうまる）が多くなった。赤糸威鎧（あかいとおどしよろい）は、ほとんどあますことなく八重菊金物で装飾され、ところどころに「一」文字に三つ盛り菊の模様が施されている。小札（こざね）は黒漆塗りの鉄と革の1枚交ぜで、茜染（あかねぞ）めの赤い組糸（くみいと）で威（おど）している。前面胴部分の金具回り（かわどころ）および革所には、牡丹（たん）に3頭の獅子（しし）を配した藍染（あい）の韋包（かわつつ）みに、鍍金（ときん）の覆輪（ふくりん）をめぐらす。兜は鉄地黒漆塗り三十六間四方白の星兜鉢（しほうじろのほしかぶとばち）で、眉庇（まびさし）には、八重菊の飾られた鍬形台（くわがただい）に鍍金の大鍬形（おおくわがた）が付けられている。大袖には上部にたなびく雲、その下に菊籬架垣（きくまがき）と「一」文字の金物が飾られている。重量は約40kgもあり、戦場で着用して戦うことは不可能である。鎌倉時代の精緻な工芸技術を駆使して製作された鎧は、実用の域を脱して威厳を示す奉納品となった。奈良県春日大社の赤糸威鎧と双璧をなす華麗な甲冑である。同館内では、ほかにも白糸威褄取鎧（しろいとおどしつまどりよろい）、紫糸威肩白浅黄鎧（むらさきいとおどしかたしろあさぎよろい）、白糸威肩赤胴丸（しろいとおどしかたあかどうまる）、兜（かぶと）が展示されている。

◎長勝寺（ちょうしょうじ）

弘前市（ひろさきし）の弘前城の近くにある。江戸時代前期の寺院。弘前藩主津軽氏の菩提寺（ぼだいじ）で、三門、本堂、庫裡（くり）、御影堂（みえいどう）と、津軽氏の霊屋（たまや）が重要文化財となっている。三門は1629年に2代藩主津軽信牧（つがるのぶひら）に

よって建立された。2階建の楼門で柱上の組物は三手先、柱間にも組物を
おく詰組となっている。花頭窓や上端を細めた粽の柱などがあり、禅宗
様の手法を見せている。本堂は1610年の造営で、入母屋造に柿葺、8室
構造の書院造である。庫裡は切妻造で茅葺、弘前城の前代にあたる大浦
城の台所を移築したと伝えられている。御影堂は初代藩主津軽為信の木像
を祀った方3間の仏堂で、1629年頃に建てられた。霊屋はいずれも方2間
の小さいもので、初代藩主、2代藩主、2代藩主正室、3代藩主、6代藩主
の5棟が整然と並んでいる。

　弘前城は初代藩主津軽為信が計画したといわれ、2代目の信牧が築城に
着手し、城下町に移るように領内の寺院・神社へ命じた。移転させた曹洞
宗33ヶ寺の並ぶ禅林街が形成され、その一番奥に長勝寺が建立された。
要害な地形から、禅林街の入口に空堀と土塁を築いて桝形をつくり、長勝
寺を中心とする長勝寺構という城下南西側の防御施設にしたのである。

◎旧津島家住宅　　　津軽半島の五所川原市にある。明治時代後期の住
居。作家太宰治（本名津島修治）の生家として有名で、
現在は斜陽館という記念館になっている。太宰治は津島源右衛門の6男と
して生まれた。津島氏は200町歩以上の土地を所有する大地主で、地元で
銀行も経営する豪農商だった。父の源右衛門は衆議院議員、貴族院議員、
長兄の文治は戦後に青森県知事となった。旧津島家住宅は1907年に完成
し、役場、郵便局、警察署、銀行の中心に位置し、小作争議に備えてレン
ガ塀をめぐらせたという。主屋、文庫蔵、中の蔵、米蔵などがある。主屋
はヒバ材を使った木造入母屋造の2階建で、1階に11室、2階に8室ある。
玄関から入ると、入口横に銀行の業務窓口のような金融執務室がある。ま
っすぐ進むと間口2間半、梁間12間の奥に広がる細長い土間がある。大勢
の小作人たちが小作米を積んだ場所で、土間の奥に米蔵がある。2階に洋
間があり、玄関から通じる階段にも豪華な洋風の手すりが付けられている。
日本の資本主義発達の基盤となった寄生地主の豪邸で、住居、事務所、商
談場所、検査場、倉庫など、さまざまな機能を兼ね備えていた。和風と洋
風を別館にした住居が多いが、旧津島家住宅では同じ棟内に和風と洋風の
部屋が設けられた。

☞ そのほかの主な国宝 / 重要文化財一覧

	時　代	種　別	名　　称	保管・所有
1	縄　文	考古資料	◎石神遺跡出土品	つがる市森田歴史民俗資料館
2	縄　文	考古資料	◎大石平遺跡出土品	青森県立郷土館
3	縄　文	考古資料	◎土偶／有戸鳥井平４遺跡出土	野辺地町立歴史民俗資料館
4	縄　文	考古資料	◎赤漆塗木鉢	野辺地町立歴史民俗資料館
5	縄　文	考古資料	◎風張１遺跡出土品	八戸埋蔵文化財センター是川縄文館
6	縄　文	考古資料	◎薬師前遺跡墓坑出土品	八戸市博物館
7	縄　文	考古資料	◎猪形土製品／千腰内２遺跡出土	弘前市立博物館
8	縄　文	考古資料	◎是川遺跡出土品	八戸市埋蔵文化財センター是川縄文館
9	弥　生	考古資料	◎宇鉄遺跡出土品	青森県立郷土館
10	鎌　倉	彫　刻	◎木造阿弥陀如来坐像	大円寺
11	鎌　倉	工芸品	◎銅鐘	長勝寺
12	南北朝	工芸品	●白糸威褄取鎧	櫛引八幡宮
13	室町後期	寺　院	◎円覚寺薬師堂内厨子	円覚寺
14	桃　山	寺　院	◎革秀寺本堂	革秀寺
15	桃　山	寺　院	◎清水寺観音堂	清水寺
16	桃山・江戸後期	城　郭	◎弘前城	弘前市
17	江戸前期	神　社	◎櫛引八幡宮	櫛引八幡宮
18	江戸前期	神　社	◎南部利康霊屋	南部町
19	江戸前期〜中期	神　社	◎津軽家霊屋	長勝寺
20	江戸中期	寺　院	◎最勝院五重塔	最勝院
21	江戸後期	神　社	◎旧平山家住宅（五所川原市湊）	五所川原市
22	江戸後期	民　家	◎高橋家住宅（黒石市中町）	―
23	明　治	学　校	◎弘前学院外人宣教師館	弘前学院
24	明　治	商　業	◎旧第五十九銀行本店本館	青森銀行
25	明　治	土　木	◎旧大湊水源地水道施設	むつ市

城　郭

弘前城巽櫓

地域の特色

　青森県はかつての陸奥国最北に位置する。古代では出羽国、北海道と並んで蝦夷地と呼ばれ、蝦夷の人々と律令国家である大和朝廷との激しい争いがあった。10世紀頃までの大和朝廷は、岩手県北までが限界であったようで、蝦夷の人々は律令政府に対し蝦夷館と呼ぶ城館を多数築き、激しい抵抗を繰り広げた。蝦夷館は堀切、空堀からなり、比較的少し高い丘上に築かれ、大半は古代から中世まで使用した館が多いことが発掘調査で明らかになっている。

　古代豪族の中には中世初頭まで蝦夷地に大きな影響を及ぼした豪族が多数割拠した。前九年の役で有名な陸奥俘囚の長である安倍氏。そして後三年の役で有名な清原氏の内紛であるこの乱を鎮めた源義家は東国とりわけ関東の豪族たちを束ねた鎮定軍団を引き連れ、戦に臨んだ。以後従軍した関東武士の子孫は中世日本の支配階級になる。

　また、安倍氏を祖とする安東氏は十三湊に福島城、柴崎城を軍事拠点とし、活躍。その事実は日本海交通が古代日本で盛んに利用されていたことを示している。

　南北朝争乱期には、田舎館城、大光寺城、石川城などで激戦があった。その後八戸根城の南部氏が頭角を現し、安東氏と激しく覇権を争う。敗北した安東氏は北海道と秋田方面へと追いやられる。南北朝時代に霊山城を建てた北畠顕家の弟顕信の子孫たちは浪岡城に入った。

　戦国期になると南部氏家臣大浦氏が頭角を現し、南部氏側の三戸城、石川城を攻略。北畠氏も大浦氏に浪岡城で滅ぼされた。大浦氏は為信の代に津軽氏を称し、天正18（1590）年小田原陣へ出向き、豊臣大名となった。津軽為信は居城を堀越城から弘前城へ移し、徳川大名となって津軽4万7千石を領した。文化5（1808）年3万石が加増と石高直しがあり、10万石となる。弘前城には2代信枚の代に本丸東北隅に五層天守をあげたが、寛永

4（1627）年に落雷焼失。今日「御三階」と呼ばれる天守は文化7（1810）年に隅櫓を改造したものである。

弘前城 別名 鷹岡城 所在 弘前市下白銀町 遺構 三層櫓3基、櫓門5基、現存御三階櫓、濠、石垣 史跡 国指定史跡

　津軽氏の系譜はほとんど不明である。延徳年間（1490頃）、南部光信が種里城（西津軽郡鰺ヶ沢）を築いて次第に勢力を広め、文亀2（1502）年大浦城を築いて長男盛信をおき、大浦と改称させた。その後、政信、為則、初代津軽為信に至って津軽氏は発展する。当時津軽は南部氏の領地であって、ここ弘前も支配下にあった。その後戦国末期に津軽を統一し、南部氏から独立した。豊臣秀吉の小田原攻めに参戦し、津軽領を安堵された。文禄3（1594）年為信は大浦城から堀越城に移り、城を拡張して津軽経営に乗り出した。後を継いだ三男信枚が慶長16（1611）年弘前城を築城した。

　弘前城は東北で唯一、天守建築を残す城でもある。西を岩木川と東を土淵川が流れ、南には鏡ヶ池を設けて丘に築かれた平山城で三重の堀を廻らし、北・東・南の三方を4つの曲輪で囲み、西方を水堀で守る輪郭式縄張の城郭である。天守をはじめ櫓8、城門12を備え、東西612m、南北947m、総面積は38万5200m^{2}に及ぶ。

　当初は五層の天守であったが、寛永4（1627）年落雷のため焼失した。幕府が五層天守新造の許可を出さず、文化7（1810）年に本丸の東南隅の辰巳櫓を修復した。天守に相当する御三階櫓で、現在も残る。

浪岡城 別名 浪岡御所、北の御所 所在 青森市細田 史跡 国指定史跡

　南北朝時代になって、元弘3（1333）年、陸奥守北畠顕家が義良親王を奉じて多賀国府に入った。翌年、浪岡秀種は顕家に臣従、娘萩の局も顕家の子顕成を生んだとされ、これが奥州（浪岡）北畠氏の祖である。

　延元2（1337）年、奥州勢を率いた顕家が泉州で高師直に大敗、自らも戦死した後、奥州では顕家の弟顕信と親房が南朝方の中心で、一時は多賀国府奪還に成功するほど勢いを盛り返したが、やがて正平2（1347）年福島県の本拠霊山城も落ちて津軽浪岡に入った（文中2（1372）年）。

　南北朝が統一し、足利氏によって浪岡城は解体、北畠一族も岩手郡稗貫

に移されてしまった。

　しかし、間もなく南部氏と足利義政によって浪岡に帰還することができ、4代北畠顕義は、長禄年間（1457〜60）に新城を築いた。これがいわゆる浪岡御所で、別に北の御所、または大御所の名がある。

　名門北畠氏も、戦国の世のならいどおり、やがて津軽為信に滅ぼされてしまうのである。天正6（1578）年、10代北畠顕村のときであった。

根城（ね）　所在 八戸市根城　遺構 復元主殿・門など　史跡 国指定史跡

　八戸南部氏は、初代南部光行の三男実長に始まり、4代師行に至って、大いに興隆した。南北朝の元弘3（1333）年、北畠顕家が陸奥国司として義良親王を奉じて東北に下向した際、南部師行は国司代に任ぜられて同行、翌建武元（1334）年、糠部（現岩手県北部から青森県東部）に至って八戸市の八森に築城した。そして、南朝方の根本となる城という意味で、根城と命名したという。師行は大光寺合戦などで戦功をたて、津軽地方にも勢力を広げたが、延元3（1338）年征西の軍中大坂で戦死した。師行の死後弟政長が後を継いだが、八戸氏を称したのは、政長の孫8代政光のときからである。しかし、宗家南部利直に至って八戸氏に対する支配が強まり、ついに寛永4（1627）年遠野城（岩手県）に移転、城は廃された。

　根城は発掘調査による出土遺構に基づき、本丸の建物が推定復元されている。掘立柱の遺構から建物の平面的な規模などは判明するが、建築の細部は、同時代遺構を参考に推定するしかない。根城では建築細部まで、日本で初めて中世城郭を復元しているのである。城全体の構造は馬渕川に面する舌状台地に西の先端を本丸として東側に中館、無名の館、東善寺館、岡前館を連ね、空堀で区分する構である。

七戸城（しちのへ）　所在 上北郡七戸町　史跡 国指定史跡

　初代南部光行の六男、太郎三郎朝清が七戸の領主であった。南北朝時代には結城朝祐の領地となり、遺構の復元東門、土塁などはさらに北畠顕家によって南部政長に与えられた。この政長が七戸城を築いたという。

　政長の後、長子信政、孫信光が継いだが、信光の子が幼かったため、信政の弟政光が七戸城主となり、以後この家系が続く。そして、政光の八代後、七戸家国に至って、南部のお家騒動に九戸方に与（くみ）したため、天正19（1591）

年の九戸政実の乱の際、城は破却され、ここに七戸氏はいったん断絶した。

　乱後、直勝に与えられ、27代南部利直の五男重信（七戸隼人）が城主となったが、後に宗家に入り盛岡藩主となったので、七戸城はその次男政信以後が代々継いだ。なお、石高は政信のとき5千石であったが、信鄰の文政2（1819）年加増されて1万1千石となった。

堀越城（ほりこし）　所在 弘前市堀越柏田　史跡 国指定史跡

　今の城址のあるあたりは、南北朝時代には、石川城主曾我氏の領地であった。しかし、曾我氏は、暦応4（1341）年の根城（八戸市）の戦いで多くの兵を失ってから次第に衰え、ついに康安元（1361）年、南部氏によって滅ぼされてしまった。

　当時、曾我氏が堀越城に居城していたかどうかは判然としないが、曾我氏滅亡の頃から大浦氏がいたようである。さて、その大浦氏も、則信の文明2（1470）年、17代南部光政に攻撃されて落城、遺児は南部氏に引き取られたが、その遺児から6代目の守信が、南部家臣で堀越城主の武田重信の嗣子となり、堀越に入った。守信は南部氏と争って南部桜庭で討死したが、その子為信は、わずか5歳で守信の兄大浦為則の養子となって大浦城に入り、後に津軽統一を果たすことになる。そして文禄3（1594）年、堀越城を修理して入るが、後に高岡城が完成したため廃城とされた。

三戸城（さんのへ）　所在 三戸郡三戸町　遺構 石垣、復現城門、堀、模擬天守

　東に馬渕川、北西に熊原川に挟まれた要害の地である。比高35〜131m余の丘城であって南部氏宗家が盛岡城に移るまでの本城である。南部氏は源頼朝の奥州征伐に従軍。戦功としてここ糠部郡を領し、来住。一族を一戸、八戸、四戸、七戸に配し、南部地方に君臨。二十六代にわたり三戸を核に一族が分かれ、南部氏領国を形成。戦国末に、信直の代に九戸政実の乱が起きるが、宗家は盛岡城にあって豊臣大名、さらに徳川氏に仕えた。

大浦城（おおうら）　所在 青森市五代

　大浦城は、津軽氏が南部氏より独立、津軽一円を支配する初めの城である。南部氏は南津軽経営の拠点として、明応7（1498）年南部光信の子盛信に大浦城を築かせ、盛信の居城とした。

戦国大名

青森県の戦国史

　室町時代に青森県西部を支配していた安東(安藤)氏は、次第に南部氏に追われて蝦夷松前に渡った下国安東氏と、出羽湊に退いた湊安東氏に分かれ、青森県域は東部を南部氏、津軽・外浜地域を浪岡氏が支配するようになった。

　南北朝時代末期に陸奥の南朝勢力に押されて津軽入りした浪岡氏は、伊勢国司北畠氏の一族として「浪岡御所」と呼ばれ、具永・具続父子は従五位下に叙位されるなど東北の武家としては特殊な地位を有していた。また、領内に油川湊を開発して物資を集積するなど全盛期を迎えた。

　一方、南部氏は三戸家が北家・東家・南家などの庶子を分出して本家を補佐させる一方、一戸氏、田子氏、毛馬内氏などの一族を領内に配して領国支配を強化した。延徳3年(1491)には一族の光信を種里(鰺ヶ沢町)に入れて津軽に進出、天文2年(1533)、津軽の国人層が叛乱を起こすと光信の子盛信が石川氏とともにこれを鎮圧して津軽に支配体制を築いた。

　以後浪岡氏は衰え、永禄5年(1562)に具運(顕慶)が一族の北畠具信に殺され、わずか5歳の顕村が家督を相続したことで衰退した。

　永禄11年(1568)大浦為則の女婿として家督を継いだ為信は、元亀2年(1571)に石川城主の石川高信を攻めて自害させ、事実上南部氏から独立した。このあたりの経緯は南部氏側と大浦氏(のちの津軽氏)側の資料に異同が多くはっきりしない。

　天正6年(1578)に大浦為信が浪岡氏を滅ぼすと、一族や家臣団は出羽安東氏のもとに逃れ、安東氏と南部氏が協力して大浦氏と対立した。しかし、豊臣秀吉が関東以西を征服して天下人となったことで、南部・大浦両氏はともに秀吉に降り、大浦氏は独立した大名と認められて津軽氏と改称した。

主な戦国大名・国衆

相川氏（あいかわ）　津軽の国衆。元亀3年（1572）、相川掃部は西野内匠とともに南部氏の津軽郡代津川氏を襲って堤ヶ浦城（青森市）を占拠したが、南部高信に敗れて落城した。

一町田氏（いっちょうだ）　陸奥大浦氏の庶流。大浦光信の弟一町田壱岐守信建が祖といい、一町田館に拠ったと伝える。居館の場所は陸奥国津軽郡一町田村（弘前市一町田）とみられる。代々津軽氏に仕えて江戸時代は津軽藩士となり、のち西館氏と改称した。

大浦氏（おおうら）　津軽の国衆。南部氏の庶流。延徳3年（1491）に南部氏が安東氏を抑えて津軽を支配するために、一族の光信を種里城（西津軽郡鰺ヶ沢町）に入れ、光信が文亀2年（1502）鼻和郡大浦に築城したのが祖といわれていたが、近年では出羽国仙北郡金沢（秋田県横手市）の南部右京亮の末裔という説もある。光信の子孫という為信のときに南部氏から独立して、津軽氏となった。

奥瀬氏（おくせ）　陸奥国北郡の国衆。南部光行に従って入部した小笠原氏の一族という。代々奥瀬城（十和田市奥瀬）に拠って南部氏に属した。戦国時代には南部氏の代官として油川城（青森市西田沢）に拠ったが、天正13年（1585）奥瀬善九郎は大浦為信に攻められて南部に逃げたという。江戸時代は南部藩士となった。

櫛引氏（くしびき）　陸奥国三戸郡の国衆。南部氏の一族で四戸氏の庶流という。代々櫛引城（八戸市櫛引）に拠り、櫛引八幡宮の神事にも関わっていた。天正19年（1591）の九戸一揆では九戸氏方に与し、清長が九戸城で討死、弟の清政は斬首された。

七戸氏（しちのへ）　陸奥国津軽の国衆。八戸南部氏の庶流。根城南部氏8代の政光は、兄信光の子長経に家を譲ったのちに陸奥国北郡七戸（上北郡七戸町）に退

隠して七戸家の祖となったという。室町時代には三戸氏に従っていた。天正19年（1591）家国は九戸一揆に参加して敗れ、七戸氏は一旦滅亡した。のち、三戸南部氏の重臣南長義の子長勝が名跡を継いで南部藩重臣となっている。

四戸氏 {しのへ}

陸奥国の国衆。南部光行の四男宗朝が四戸氏を称したのが祖とされるが、はっきりしない。なお、四戸の地名は消失して現在地不明だが、青森県三戸郡名川町付近か。室町時代は七戸氏・八戸南部氏と結んでいたが、戦国時代になると三戸南部氏の支配下に入り、八戸南部氏と争った。天正19年（1591）の九戸一揆に加担して滅亡した。庶流は南部藩士となっている。

大光寺氏 {だいこうじ}

陸奥国平賀郡の国衆。南部氏の一族だが、系図関係は諸説あり不詳。文明15年（1483）南部経行が津軽郡代として大光寺城（平川市大光寺）に拠ったのが祖という。永禄13年（1570）信愛が死去して嫡流は断絶した。天正年間には大光寺城も落城して、出羽に逃れた。一族は江戸時代に南部藩士となっている。

津軽氏 {つがる}

陸奥の戦国大名。『寛政重修諸家譜』では藤原姓とされている他、『陸奥弘前津軽家譜』では奥州藤原氏の子孫となっているなど藤原姓というものが多いが、実際には不詳で南部氏の庶流とみられる。遠祖は延徳3年（1491）に陸奥国津軽郡種里（西津軽郡鰺ヶ沢町）に築城した大浦光信で、光信から津軽家の祖である為信に至る系譜もはっきりとしない部分が多い。永禄11年（1568）久慈信義の弟という為信が大浦為則の女婿として家督を継ぐと、南部（石川）高信を攻めて自害させ、事実上南部氏から独立した。天正4年（1576）大光寺城主滝本重行、同6年には浪岡城主北畠顕村を討って勢力を広げ、やがて津軽を統一した。同17年頃から豊臣秀吉に鷹を献上するなどして接近、翌年には上洛して秀吉から正式に津軽の所領を認知された。このため、本家にあたる南部家とは争いが絶えなかった。また、この頃から名字を津軽に改めている。関ヶ原合戦では東軍につき弘前藩を立藩した。

堤氏　陸奥国東津軽郡の国衆。清和源氏南部氏の一族。明応7年（1498）
南部信時の四男堤弾正光康が堤ヶ浦（青森市松原）から横内に移り住み、
横内城（青森市横内）に拠ったが、天正13年（1585）津軽為信に滅ぼされた。

浪岡氏　津軽の戦国大名。村上源氏の公家北畠家の庶流。南北朝時代に
北畠顕家が陸奥国多賀城に下向。顕家は奥州勢を率いて上洛したが摂津国
で討死した。浪岡氏はこの顕家の子孫と伝えるが、津軽に残った弟顕信の
二男守親が津軽郡浪岡（青森市浪岡）に住んで浪岡氏を称したともいう。
いずれにせよ公家北畠家の一族として浪岡御所といわれた。応仁年間（1467
〜69）頃に顕義が浪岡城を築城（異説もある）、のち浪岡氏と改称して、戦
国時代には津軽の戦国大名に成長した。永禄5年（1562）具運（顕慶）が一
族の北畠具信に殺され、わずか5歳の顕村が家督を相続。顕村は天正3年
（1575）には織田信長に使いを送るなど、中央との接触を試みるが、同6年
大浦為信に攻められて自害、滅亡した。

南部氏　八戸南部氏。南部家初代光行の六男波木井実長の子孫。建武元
年（1334）師行のときに陸奥国糠部郡に下向、根城（八戸市）を築城した。
以来、一貫して南朝に属して活躍、八戸南部氏または根城南部氏といわれ
た。室町時代には岩手郡や閉伊郡、出羽国仙北郡にまで勢力を広げ、天文
年間（1532〜55）には津軽郡にも進出した。天正18年（1590）の豊臣秀吉
の奥州仕置を機に正式に三戸南部氏の支配下に入った。寛永4年（1627）直
義のときに八戸から遠野に転じ、以後遠野城主として南部藩の重臣となっ
た。

戸来氏　陸奥国三戸郡の国衆。藤原姓で、長亨年間（1487〜89）に木村
秀勝の長男政秀が戸来郷（三戸郡新郷村戸来）を領して戸来氏を称したと
いう。戸来館に拠り、三戸南部氏に従う。江戸時代は南部藩士となった。

米田氏　陸奥国三戸郡の国衆。一戸氏の庶流で、名字の地は三戸郡米田
（十和田市米田）。当初は白上館（十和田市相坂）に拠ったが、のち藤島館
（十和田市藤島）に転じた。江戸時代は南部藩士となった。

名門 / 名家

◎中世の名族

南部氏

陸奥の戦国大名。清和源氏。加賀美遠光の三男光行が源頼朝に与して石橋山合戦で功をあげ、甲斐国巨摩郡南部郷（山梨県南巨摩郡南部町南部）を賜ったのが祖という。さらに奥州合戦でも功をあげ、1189（文治5）年に陸奥国糠部郡の地頭となったというが詳細は不詳。『吾妻鏡』や『但馬国大田文』などに動向が見えるが、鎌倉時代の詳細は不明。系図も異同が多い。鎌倉末期に陸奥に下向した。

建武政権下で、時長・師行・政長兄弟が台頭、師行は北畠顕家から北奥の奉行に抜擢されて一族の基礎を固めた。

広大な糠部郡に九戸四門制をしいて各地に一族を分出、陸奥北部に大きな勢力を持つようになった。特に嫡流の三戸南部氏と八戸城に拠った八戸南部氏が大きな勢力を持っていた。南北朝時代は、八戸南部氏は南朝に、三戸南部氏は北朝に属し、室町時代には三戸南部氏が幕府との結びつきが強く、主導的な立場にあったとみられる。

戦国時代、三戸南部氏の信直が南部氏を統一、1582（天正10）年に豊臣秀吉から南部7郡を安堵された。98（慶長3）年には盛岡城を築城、関ヶ原合戦では東軍に属し、戦後南部藩10万石を立藩した。

◎近世以降の名家

阿部家

五所川原の豪農。元和年間（1615〜23）に兄弟二人が越前から津軽に移り住んで羽野木沢村（五所河原市）を開発したのが祖。やがて土地を集積する一方、村役人や代官所手代をつとめた。明治初期には田地42町歩、畑地・山林などを含めると100町歩にのぼっていた。1870（明治3）年、

12代賢吉の時に弘前藩の帰田法で土地の多くを失い、代わりに酒造業を開始したものの失敗。その後再び土地の集積を行い、75（同8）年には80町歩まで回復。賢吉は後に貴族院議員もつとめた。

淡谷家
（あわや）

青森湊越前町（青森市）で阿波屋と号した呉服商。初代源四郎は淡路の北前船の水主だったが、竜飛沖で遭難して助けられ、以後青森にとどまって阿波屋と号して魚屋を営んだ。その後、「大世」と号した呉服商に転じて成功、5代目の清蔵は、維新後に青森を代表する豪商に成長した。政治家淡谷悠蔵、歌手淡谷のり子は一族。

斎藤家
（さいとう）

津軽郡岩館村（平川市）の豪農。初代甚助は弘前藩の郷士で、2代甚助の時に帰農したが、藩命で米取引を行い、藩の勘定小頭でもあった。以後、豪農の傍ら米取引で財を成し、代々甚助か佐左衛門を称した。6代目甚助は中里村の新田開発の功労者としても知られる。

杉山家
（すぎやま）

津軽藩家老。石田三成の末裔。三成の二男源吾は関ヶ原合戦で敗れると津軽に落ちて杉山氏を称し、深味村（板柳町）に住んで藩主津軽家に匿われた。その子吉成は1633（寛永10）年に3代藩主信義に召し出され、のち家老となった。

清藤家
（せいどう）

津軽郡猿賀村（平川市猿賀石林）の旧家。北条時頼の家臣の末裔と伝える。寛永年間（1624〜44）に造り始め、元禄年間（1688〜1704）に完成したといわれる書院庭園・盛秀園と、明治時代に24代盛美が造った庭園・盛美園が有名。

大道寺家
（だいどうじ）

津軽藩家老。山城国綴喜郡大道寺（京都府綴喜郡宇治田原町）発祥で藤原北家貞嗣流とも桓武平氏ともいうが不詳。発専が伊勢宗瑞に従って駿河国に下向、その子が初代盛昌であるという。以後早雲の重臣として仕え、1512（永正9）年に早雲が鎌倉に入ると鎌倉代官となった。以後、周勝、資親、政繁と鎌倉代官をつとめ、河越衆を率いた。

政繁は上野松井田城（群馬県安中市松井田町）を築城、10万石を領したが、90（天正18）年の豊臣秀吉の小田原攻めで敗れ切腹した。その養子直

英（隼人）は尾張藩士となった後、1616（元和2）年津軽藩士に転じ、以後代々家老をつとめた。

武田家

津軽郡金木（五所川原市金木町）の豪商。金木屋と号し、武田氏を称していた。戦国時代、武田甚三郎は三戸郡櫛引城に拠る武将だったが、1591（天正19）年九戸政実に与して敗れ、津軽の喜良市（五所川原市金木町）で帰農して豪農となった。しかし、1755（宝暦5）年5代目甚兵衛が御用木を盗伐した罪で死罪となり家財も没収された。

その後、孫の恒広が江戸に出て成功し、後弘前城下で金木屋呉服店を開業、弘前藩の御用商人にもなり、以後明治にかけて津軽を代表する豪商として知られた。

津軽家

津軽藩主。戦国大名大浦為則の女婿として家督を継いだ為信が津軽を統一、1590（天正18）年上洛して秀吉から所領を安堵され、この頃名字を津軽に改めている。関ヶ原合戦では東軍に付き、1601（慶長6）年弘前藩4万7000石を立藩。2代信枚は徳川家康の養女を妻に迎えるなど、将軍家との結びつきを深めた。信政の代からは蝦夷地警衛も任され、後10万石に加増。1809（文化6）年に6000石を分知して9万4000石に。

戊辰戦争では奥羽越列藩同盟に加わらず、承昭は84（明治17）年に伯爵となり、皇族・将軍家・摂家などと華麗な閨閥を築いた。先代の当主・義孝は尾張徳川家の出で、1932（昭和7）年ロサンゼルス五輪に馬術選手として出場している。その娘は常陸宮華子妃殿下である。

また、承昭は近衛忠煕の娘尹子を娶っており、楢麿は1889（明治22）年に分家した際に男爵を授けられている。

津軽家

黒石藩主。1656（明暦2）年信英が11歳で襲封した甥の津軽藩4代藩主信政の後見人となり、5000石を分知されたのが祖で、黒石に陣屋を置いて交代寄合となった。2代信敏の時に弟の信純に1000石を分知して4000石となる。1809（文化6）年親足の時、さらに6000石が分知され、黒石藩1万石を立藩した。承叙は84（明治17）年に子爵となり、貴族院議員もつとめた。

津島家
（つしま）

津軽郡金木（五所川原市金木町）の豪農。山城国岩根郡対馬村出の斉門四郎が天正年間に津軽に移り住んだのが祖と伝える。江戸時代中期頃に源四郎が津島氏に改称し、その二男源右衛門が「源」と号して金木で古着屋を始めた。その子初代惣助は豆腐屋に転じて成功、幕末の3代目惣助は金融業も兼ねて土地を集積し、明治中期には津軽有数の大地主となった。

養子の源右衛門は衆議院議員・貴族院議員を歴任。その三男文治は1947（昭和22）年に青森県初代民撰知事に当選。その後も衆議院議員・参議院議員を歴任した。六男の修治は文豪太宰治である。

文治の長男康一はNHK大河ドラマ「いのち」などに出演した俳優で、長女陽の夫が農林水産大臣などをつとめた田沢吉郎。また、修治（太宰治）の長女園子の夫が厚生大臣をつとめ、自民党津島派を率いた津島雄二で、二女は作家の津島佑子（本名は里子）である。

坪田家
（つぼた）

津軽郡の豪農。近江国の出で、江戸時代初め頃に津軽郡王余魚沢（かれい）（青森市浪岡王余魚沢）に移り、大豆坂街道で峠の茶屋を営んだという。寛政年間（1789〜1801）頃から農業を始め、幕末には津軽を代表する豪農の一つとなっていた。

剣地家
（つるぎじ）

北郡脇野沢（むつ市）の豪商。能登国鳳至郡剣地村（石川県輪島市門前町剣地）の出。寛文年間頃に脇野沢に移り、廻船問屋として主にヒバを積み出した。1691（元禄4）年初代九郎兵衛は正覚寺を建立、同地には剣地家代々の墓がある。

戸沼家
（とぬま）

津軽郡鰺ヶ沢湊（鰺ヶ沢町）で塩屋と号した豪商。祖は越中国（あじがさわ）の出で高沼権兵衛といい、のちに七戸家の婿となったことから、父方の名字の「沼」と、母方の名字の「戸」を取って戸沼を名字にしたという。鰺ヶ沢湊で山〆二と号して、塩屋の名で船主・船問屋をつとめ、町名主でもあった。当主は治右衛門を称した。

また、江戸時代後期には理左衛門が分家して船問屋を始め、幕末の3代目理左衛門は豪商として知られた。

飛島家
<small>とびしま</small>

津軽郡五所川原（五所川原市）の豪商。出羽国飛島（山形県）の出といい、17世紀後半に五所川原に移住した初代三九郎が祖。代々三九郎か五郎兵衛を称し、新田開発で財を成した。1783（天明3）年4代三九郎は郷士に取り立てられ、帯刀を許されている。

鳴海家
<small>なるみ</small>

津軽郡浅瀬石（黒石市）の豪農。戦国時代は千徳氏の家臣で、千徳氏の滅亡後帰農したという。江戸時代は代々久兵衛を称した。1802（享和2）年3代目久兵衛は藩の開発取締方となり、数十万本もの杉の植林を行った。8代目を襲名した貞徳は青森県議を2期つとめた他、北海道枝幸との交易や現地で砂金の採取なども行った。

06（文化3）年に分家した文四郎家は「久○」と号して黒石城下中町で酒造業を営んだ。4代目文四郎は衆議院議員に当選している。現在は鳴海醸造店で、銘酒「菊之井」で知られる。

南部家
<small>なんぶ</small>

八戸藩主。盛岡藩主南部家の分家。南部藩初代藩主利直の七男直房は、分家して中里氏を称していたが、1664（寛文4）年父の遺領のうち2万石を分知され、現在の岩手県と青森県にまたがる八戸藩を立藩した。1884（明治17）年利克の時に子爵となる。

南部家
<small>なんぶ</small>

七戸藩主。盛岡藩主南部家の分家。1694（元禄7）年南部政信が兄行信より5000石を分知されて一家を興し、旗本となって寄合に列したのが祖。1819（文政2）年信誉の時に6000石を加増されて1万1000石となり、七戸藩を立藩した。84（明治17）年信方の時子爵となる。

野村家
<small>のむら</small>

北郡野辺地（野辺地町）の豪商。代々治三郎を称して廻船問屋を営み、酒造業も営んだ。南部藩の御用商人もつとめている。維新後は土地を集積して青森県を代表する大地主となり、6代目治三郎は貴族院議員、8代目治三郎は衆議院議員をつとめた。

野呂家
<small>のろ</small>

津軽郡木造（木造町）で大規模な新田を開発した豪農。初代太左衛門は深浦の出身で、2代目理左衛門の時、3代藩主津軽信義によって取

り立てられ、以後代々新田開発に力を注いだ。開いた新田は木造新田66カ村に及び、野呂家は9代目武左衛門まで、代々庄屋をつとめた。

平山家
_{ひらやま}

津軽郡湊村（五所川原市）の豪農・豪商。南朝の遺臣平山良信の末裔とも、武蔵平山氏の末裔とも伝える。初代半左衛門は湊村開村と同時に肝煎役（庄屋）となり、2代孫十郎が1690（元禄3）年広田組の手代となり、以後代々手代をつとめた。6代半左衛門の時に勘定小頭格に取り立てられて漆の栽培に尽力。維新後、9代雄太郎は栄村初代村長となり、その子10代為之助は衆議院議員をつとめた後に陸奥銀行頭取となり、津軽鉄道の初代社長もつとめた。

同家住宅は1978（昭和53）年に国の重要文化財に指定されている。

松橋家
_{まつはし}

三戸郡新井田村（八戸市新井田）の豪商。代々孫助を称し、八戸藩の御用商人であった。1696（元禄9）年酒造を許可され、1737（元文2）年には千石船を建造して廻船業に進出。28（享保13）年にはたびたびの献金により帯刀を許され、領内総山支配も命ぜられている。

村井家
_{むらい}

八戸城下（八戸市）の豪商。近江国の大塚屋村井伊兵衛が、1698（元禄11）年に八戸城下三日町に出店を構えたのが祖。後八戸に移住し、1783（天明3）年の飢饉の際に500両を藩に献上して特権商人の地位を得、近江屋と美濃屋と共に八戸三店といわれた。

盛田家
_{もりた}

北郡七戸（七戸町）で大塚屋と号した豪商。石田三成の末裔と伝える。元禄年間頃に近江国の出の初代石田喜平治が大塚屋と号して七戸で創業したのが祖。5代目喜右衛門は松坂屋、江州屋の二店を出して酒造業や呉服業などで七戸随一の豪商となり、1756（宝暦6）年に喜右衛門が名字帯刀を許された際に、石田家の「田」と盛岡藩の「盛」を取って盛田家と名乗った。

維新後、1887（明治20）年に10代目喜平治は牧場を開設。戦後、12代喜平治は盛田牧場産の競走馬で日本ダービーや天皇賞を制している。

七戸町の初代民撰町長となった盛田文造も一族である。

博物館

むつ科学技術館
〈原子炉室の実物展示〉

地域の特色

本州の最北端の県。面積は全国第8位。日本海、津軽海峡、太平洋と三方を海に囲まれている。津軽半島と下北半島の間に陸奥湾がある。奥羽山脈が中央部にあるので、日本海側は雪が多く、太平洋側は雪が少ないが夏には湿気の多い偏東風（ヤマセ）が吹くなどの違いがあり、これに伴い生物相にも違いがみられる。県の南西部と秋田県北西部にまたがり原生的なブナ林が分布する世界自然遺産の白神山地や十和田湖がある。下北半島には北限のニホンザルや巨大な岩体が林立する仏ヶ浦などもある。

古くから人々が暮らし、世界文化遺産「北海道・北東北の縄文遺跡群」を構成する17の遺跡のうち、三内丸山遺跡、亀ヶ岡石器時代遺跡など8遺跡が青森県内にある。青森のねぶた・弘前のねぶた・八戸のえんぶりなど特徴ある祭りもある。明治維新前は日本海側は津軽家（弘前藩・黒石藩）、太平洋側は南部家（盛岡藩・八戸藩）の支配地域で今でも文化や言葉の違いがみられるという。

津軽海峡は外国船舶も自由に通航できる国際海峡。軍事的にも重要な位置にあるので、海上自衛隊の基地が下北半島に、航空自衛隊と米軍の航空基地が三沢にある。また、下北半島には原子力関係の施設が多くある。

こうした豊かで多様な自然や地域特性を踏まえた多彩な館園がある。博物館など相互の連絡・連携をはかる組織として青森県博物館等協議会（略称：青博協）があり、事務局は青森県立郷土館に置かれている。

主な博物館

青森県立郷土館　青森市本町

県の中核的総合博物館。明治百年記念事業として1973（昭和48）年開館。常設展示は考古、自然、歴史、民俗の五つの基本的な展示室と「りんご展

示室」「輝いた郷土の先人たち」「風韻堂展示室」の三つのテーマの展示室で構成されている。「風韻堂」は県出身の板画家棟方志功の命名で、寄贈された亀ヶ岡遺跡など縄文時代晩期の出品1万2000点からセレクトした資料を展示している。体験型の「郷土学習室～わくわくたいけんルーム～」もある。「風韻堂展示室」と特別展示室は旧館、青森銀行から譲渡された旧本店の建物（1931（昭和6）年建造、登録有形文化財）内にある。

　県内の博物館、資料館、公的施設を会場に、郷土の歴史や文化をテーマにした展示「連携展」も行っている。ロシア連邦ハバロフスク地方郷土博物館、米国メーン州立博物館との国際交流を行っている。展示会社のデザイナー、プランナーが全体の展示設計に深く関わった先駆的な事例としても重要。

八戸市博物館　八戸市大字根城

　1334（建武元）年築城の根城の敷地内（広さ18万平米）にある歴史系博物館。1983（昭和58）年開館。常設展示のテーマは「よみがえる歴史・ひらけゆく未来」。考古・歴史・民俗・無形資料の展示室で構成している。考古展示室は、縄文時代から根城南部氏が活躍する中世までの八戸の様子を、歴史展示室は南部直房を祖とする八戸藩と城下町としての発展した八戸の歴史を紹介している。民俗展示室では先人の生活を、衣食住・農業・漁業・商業・信仰・芸能などの資料で紹介。無形資料展示室では昔話、民謡、わらべ唄、方言、市内小中学校の校歌、芸能、祭り、観光などの映像音声資料が利用できる。土器片に触ったり、粘土に縄模様をつけたりできる体験型の「縄文の部屋」や体験学習室もある。屋外の本丸の跡には発掘調査を基に、城として最も充実した安土桃山時代の主殿や工房・納屋・馬屋などの建物を実物大に復原した「史跡　根城の広場」がある。博物館との共通券もある。

青森県立三沢航空科学館　三沢市大字三沢

　航空博物館と青少年科学館の性格をもつ博物館。「宇宙ゾーン」「航空ゾーン」「科学ゾーン」の三つのゾーンで構成されている。「宇宙ゾーン」にはロケットや人工衛星など、宇宙探査や地球観測などに関する機器や話題が展示されている。「航空ゾーン」では青森県と航空史の関係などを紹介する。

青森県ゆかりの木村秀政博士が携わった国産旅客機YS-11や滑走路整備などに住民が協力し1931（昭和6）年三沢市淋代海岸から米国ワシントン州ウェナッチ市まで世界初の太平洋無着陸横断飛行に成功したミス・ビードル号、また、十和田湖から引き揚げた旧陸軍の「一式双発高等練習機」など実物や復元の飛行機を展示している。「科学ゾーン」には参加体験型の展示が並んでいる。屋上は飛行機の離着陸が見える展望デッキになっている。館の前は「三沢市大空ひろば」で、自衛隊の練習機、戦闘機、対潜哨戒機などが展示されていて搭乗体験や機内見学もできる。

弘前市立博物館　弘前市大字下白銀町

　弘前城跡三の丸の一角にある人文系博物館。常設展は各時代の特色を12のテーマで紹介する「ひろさきの歴史と文化〜原始から近現代へ〜」。国の重要無形文化財である「お山参詣」や「ねぷた祭り」も展示している。実物資料に触れるコーナーもある。大規模な「特別企画展」の時は常設展のスペースも会場になる。

　建物設計は前川國男で母方の祖先は弘前藩の重臣。市内には木村産業研究所、市庁舎など、設計した建物が多数ある。

むつ科学技術館　むつ市大字関根

　わが国初の原子動力実験船「むつ」の活動の軌跡に関する資料と体験型の科学展示で構成された博物館。2014（平成26）年開館。国立研究開発法人日本原子力研究開発機構が設置運営。「原子炉室展示室」には「むつ」に搭載されていた実物の原子炉室を展示している。原子炉室の展示は世界初。むつで使われていた実物の操舵室や制御室も展示している。科学展示には米国の有名な科学館エクスプロラトリアムの科学装置33点があり体験できる。

青森県営浅虫水族館　青森市大字浅虫

　青森に生息する魚類など約300種1万点を飼育展示している。むつ湾の海を再現したトンネル水槽などがある「水族館棟」、イルカパフォーマンスの「ショープール棟」、イルカを間近で見られる「いるか館」、アザラシやオットセイの「海獣館」、海洋生物に触れる「タッチコーナー」、イルカを間近

で見られる「いるか館」などで構成。「世界自然遺産白神の魚」では山の豊富な栄養分で育まれたイワナ、ヤマメなどを展示している。

縄文時遊館　青森市大字三内

　国特別史跡「三内丸山遺跡」は竪穴住居や高床倉庫を復元して縄文時代の「ムラ」を体験できる遺跡公園「縄文の丘　三内まほろばパーク」として整備されている。この公園の導入施設が縄文時遊館で、展示室「さんまるミュージアム」には重要文化財を含む出土品や縄文人の生活再現の展示がある。他に縄文シアターや企画展示室、整理室もある。世界文化遺産「北海道・北東北の縄文遺跡群」に三内丸山遺跡の他、17遺跡が登録された。

五所川原市太宰治記念館「斜陽館」　五所川原市金木町

　『走れメロス』『人間失格』『津軽』などの作家、金木町出身の太宰治（1909〜48）の記念館。1998（平成10）年開館。館名は戦後のベストセラー『斜陽』に由来。蔵を活用した展示室には着用したマント、原稿、書簡、初版本などを展示している。建物は太宰の実家で、明治期の貴重な木造建築物で国の重要文化財建造物。金木町内に点在する太宰文学ゆかりの場所やものをまるごと「太宰ミュージアム」として捉えて整備している。

青函トンネル記念館　東津軽郡外ヶ浜町字三厩龍浜

　津軽海峡の海の底を貫く総延長53.85キロメートルの青函トンネルの建設の歴史と技術を紹介する青森側の施設。「展示ホール」では構想から42年、過酷な条件の中で進められた工事の過程を、音や映像、立体モデルなどで紹介している。また、工事の期間中、実際に使われた竜飛斜坑線のケーブルカーに乗り海面下140メートルに行ける体験坑道がある。坑道内には工事で使った機器などで工事現場を再現した展示もある。北海道側の福島町にも青函トンネル記念館がある。

あおもり北のまほろば歴史館　青森市沖館

　青森市を中心とした郷土の歴史や民俗を総合的に紹介する展示施設。吹き抜け空間に九つのコーナーで青森の歴史と民俗の展示を展開している。旧みちのく北方漁船博物館を市が引き継いだ施設で、国指定重要有形民俗

文化財ムダマハギ型漁船コレクションがある。また、旧稽古館所蔵の県有形民俗文化財青森の刺しこ着のコレクションもあり、展示活用されている。展望台からは、青森市内、陸奥湾、津軽半島や下北半島が一望できる。

青函連絡船メモリアルシップ八甲田丸　青森市柳川

　青函連絡船は1988（昭和63）年まで80年間、青森港と函館港を結んだ鉄道連絡船。青函トンネルの開通に伴い廃止された。八甲田丸は最後に青森から出航した連絡船で、現役期間が23年7カ月と一番長かった船。その船を記念館として就航当時の状態に係留保存した市の施設。ブリッジ、列車も搭載した車両甲板、エンジンルームなど船内を見学できる。この他、連絡船の歴史、青森駅前テーマにした風変わりなジオラマなどの展示がある。

白神山地ビジターセンター　中津軽郡西目屋村大字田代

　世界自然遺産白神山地の青森側の入り口的施設。県が設置運営。白神山地は、秋田県北西部と青森県南西部にまたがる約13万ヘクタールの広大な山地帯で、人為の影響をほとんど受けていない世界最大級の原生的なブナ林が分布している。センターにはブナの一生、ブナ林の仕組み、白神山地の生態系、人間との関わりなどの展示と白神山地の四季の大型映像を上映するホールがある。

中泊町博物館　北津軽郡中泊町大字中里

　地域住民協働を重視した歴史博物館。常設展示は津軽半島の歴史を「原始」から「近現代」までの5ゾーンで、また各ゾーンは、「時代のすがた」「技術と開発」「産業と経済」「くらしと社会」「まつりと心」「交流と交錯」の6テーマで構成。旧今泉小学校を転用した分館があり国登録有形民俗文化財「津軽の林業用具」などが保存され、学校団体の体験学習などで活用。

称徳館　十和田市大字深持

　馬の文化資料館。市の施設。馬の歴史、馬具、馬の玩具、絵馬、信仰など八つのテーマごとに小さな建物があり回廊で結ばれている。南部曲り屋を再現した民話シアターでは語り部による民話の上演も行われる。馬とのふれあいをテーマとした十和田市馬事公苑「駒っこランド」の中にある。

八戸市水産科学館 マリエント　八戸市大字鮫町

　日本有数の水産基地、八戸の海や地球環境を学べる科学館と小さな水族館が合体した施設。展示はイカパラダイス、しおりコーナー、ちきゅう情報館、大水槽、ウミネコアイランド、ウミネコシアター、タッチ水槽の7コーナーがある。大水槽ではダイバーによる餌付けを見ることができる。

八甲田山雪中行軍遭難資料館　青森市幸畑阿部野

　1902（明治35）年1月に起きた青森の陸軍歩兵第五聯隊の「雪中行軍遭難事件」と八甲田山の自然を紹介する資料館。遭難事件は時代背景や行軍計画、遭難・捜索の様子を史実に基づいて資料や映像で紹介している。資料館は遭難の犠牲者が眠る「陸軍墓地」や慰霊碑のある幸畑墓苑の中にある。

市浦歴史民俗資料館　五所川原市十三土佐

　十三湊は豪族・安藤氏がアイヌ民族との交易で栄えた中世の港湾都市。国史跡指定「十三湊遺跡」の発掘調査で明らかとなった十三湊の変遷や、安藤氏の歴史、当時の人々の暮らしを実物資料、模型、映像などで展示紹介している。十三湖に浮かぶ中の島ブリッジパークにある。

青森市森林博物館　青森市柳川

　緑の大切さや森林と人間の結びつきをテーマに楽しく学べる施設。建物は1908（明治41）年に青森大林区署（営林署）の庁舎として主に県産ヒバ材を使用して建設されたルネッサンス式木造建築物で青森市の指定有形文化財。前庭の別館では下北半島の森林鉄道で活躍した機関車も展示。

三沢市寺山修司記念館　三沢市大字三沢

　寺山修司は三沢ゆかりの歌人、劇作家、競馬評論家。大空間の中央に主宰した劇団「演劇実験室・天井棧敷」の舞台をイメージしたシンボリックな展示があり、その下に生涯をたどる十一の机が並び、来館者は引き出しを開けて中の資料を見るなどユニークな展示が展開する。

名　字

〈難読名字クイズ〉
①犹守／②出町／③居ヶ内／④
御厩敷／⑤釜范／⑥唐牛／⑦小
比類巻／⑧听崎／⑨治部袋／⑩
平葭／⑪派谷／⑫分枝／⑬戸来
／⑭米内山／⑮世増

◆地域の特徴

　青森県では全国で唯一、工藤が最多の名字となっている。工藤は全国ランキング65位で東北以北と大分県に集中している。

　工藤のルーツは下に「藤」の字が付くことでもわかるように藤原氏の一族。平安時代初期に藤原南家の為憲が朝廷の官職の一つ木工助となり、木工助の「工」と藤原の「藤」を組み合わせて「工藤」と名乗ったのが祖である。やがて武士化し、平安時代末期には伊豆国の地方官僚となって移り住むと、伊豆で挙兵した源頼朝に従ってその家臣となった。そして、その奥州攻めで功を挙げて陸奥北部に所領を貰って移住したのが、東北に広がる工藤一族のルーツである。県内全域に広く分布しているが、比較的津軽地区に多く、青森市、弘前市、平川市などで最多となっている。

　2位佐藤、3位佐々木と東北一帯に多い名字が続き、佐藤は黒石市、佐々木は十和田市で最多。そして、このあとに、4位木村、5位成田が入っているのが独特。いずれも珍しい名字ではないが、ともに青森県が人口比でも

名字ランキング（上位40位）

1	工藤	11	三浦	21	川村	31	神
2	佐藤	12	葛西	22	太田	32	山口
3	佐々木	13	鈴木	23	小野	33	千葉
4	木村	14	小笠原	24	対馬	34	加藤
5	成田	15	山田	25	今	35	小林
6	斎藤	16	吉田	26	須藤	36	村上
7	中村	17	坂本	27	阿部	37	古川
8	田中	18	山本	28	相馬	38	沢田
9	高橋	19	藤田	29	福士	39	一戸
10	三上	20	伊藤	30	小山内	40	長谷川

順位でも、日本一である。

　木村は全国順位18位。木村という地名は各地にあり、名字としても沖縄を除いて全国にまんべんなく分布している。青森県での順位は4位ながら、県人口に占める割合は1.8％近くもある。青森県に次いで多い茨城県や宮城県が0.8％程度だから、その集中率がわかる。県内の分布をみると、旧木造町（つがる市）で最多となっていたほかにはとくに集中しているところはなく、やはりまんべんなく分布している。

　なお、木村のルーツについては、古代豪族紀氏の一族が住んだ村ではないか、という説がある。紀氏は本来「木」氏であったことから、その村が木村であることには違和感はない。紀氏一族の広がりと、現在の木村の分布は一致するといい、その可能性は高い。

　5位の成田は青森県・秋田県・北海道に全国の半数以上があり、青森県の津軽地方から秋田県北部にかけて集中している。12位葛西と14位小笠原はいずれも他県をルーツとする名字で、現在は青森県に集中している。

　さて、青森県の名字ランキングには、他の東北各県とは若干違った印象がある。というのも、ランキング上位に青森県独特の名字が多く入っているからだ。

　10位の三上を筆頭に、24位対馬、25位今、29位福士、31位神、39位一戸と、ベスト40に6つも青森県独特の名字が入っている。とくに、一戸は全国の半数強、神は約半分、今と福士は約4割が県内在住である。

　41位以下でも、45位長内、46位鳴海、51位蛯名、57位小田桐、58位蝦名、74位外崎、91位種市、96位棟方と青森独特の名字は多い。

　さらに101位以下では白戸、阿保、山谷、中野渡、八木橋、鹿内、鳥谷部、小向、奈良岡、原子、笹森、船水、盛と独特の名字が目白押し。

　この他にも、木立、清藤、田名部、櫛引、黒滝、白取、天間、赤平、間山、蒔苗、水木など独特の名字は枚挙にいとまがない。

●地域による違い

　青森県では、西部の津軽地方と東部の南部地方では、とても同じ県とは思えないほど名字の分布が違っている。県庁所在地の青森市には全県から人が集まって来るため、比較的平均的なものになっているが、弘前市のベスト5が工藤、佐藤、斎藤、成田、三上であるのに対し、八戸市では佐々木、中村、木村、高橋、佐藤で、共通しているのは東北全体にまんべんなく広

がる佐藤のみである。

青森市を中心とした津軽東部では、工藤を中心に、成田、佐藤、木村、斎藤が多く、全県のランキングと似ている。それでも、今別町では相内、旧金木町（五所川原市）では白川、旧市浦村（五所川原市）では三和が最多となっていたほか、今別町の小鹿、外ヶ浜町の木浪などが独特である。

弘前市を中心とする津軽西部では、三上と工藤が多く、次いで成田、葛西、佐藤など。旧稲垣村の黒滝、旧岩崎村の岩森などが独特。

十和田市・三沢市などの上北地区では名字の分布が大きく変わる。旧百石町（おいらせ町）では小向、旧上北町（東北町）では蛯名、旧天間林村（七戸町）では天間が最多だった。その他でも、三沢市の小比類巻、種市、織笠、十和田市の中野渡、竹ヶ原、苫米地、六戸町の附田、上北町の米内山、東北町の野田頭、鶴ヶ崎、七戸町の向中野など独特の名字が多い。

下北地区では市町村によって名字はばらばら。平成大合併前にあった8市町村で一番多い名字はすべて違っており、地域に共通しているのは佐々木と工藤だけである。東通村の最多は伊勢田であるほか、大間町の伝法、風間浦村の能渡、越膳、東通村の二本柳など独特のものが多い。

八戸市を中心とする南部地区は、県境を越えて岩手県北部と共通するものが多い。地域全体としては佐々木と中村が多く、次いで工藤や佐藤も多い。独特の名字としては、五戸町の手倉森、鳥谷部、名川町の四戸、川守田、掛端、南部町の留目、夏堀、夏坂、三戸町の水梨などがある。

● **読みの違い**

県順位37位の古川は、「こがわ」と読む。「ふるかわ」と読む古川は全国ランキング106位と多いが、青森県以外では「こがわ」は珍しく、古川の99％以上は「ふるかわ」である。十和田地方から秋田県の鹿角地方にかけて分布している米田も、「よねだ」ではなく「まいた」と読む。

同じ発音ながら漢字の違う名字の場合、地域によってどちらかに集中していることが多いのだが、青森県では違った漢字の両方ともに多い、というものがいくつかある。その代表が「おさない」である。

「おさない」とはアイヌ語の「川尻の乾いた沢」に由来するといい、季節によっては流れのなくなってしまう川を指す地名がルーツである。漢字では小山内と長内の2つの書き方があり、両方とも県内に多い。より多いのは小山内で、全県で30位。弘前市を中心に五所川原市や平川市など津軽

地方に多い。一方の長内も全県で45位と上位に入る。こちらも津軽の名字だが、青森市から、つがる市や鶴田町にかけて集中しており、分布が違っている。

この他、「えびな」は上北町に集中している蛯名が49位。青森市から平内町にかけて多い蝦名が57位。しかし、青森県からの移住者が多い北海道を除くと、その他の地域では蛯名も蝦名もほとんどみられない。他県で「えびな」といえば海老名と書くことが多い。

これらとは逆に同じ漢字で読み方が違うのが相内。相内は全国の半数以上が県内にあるという青森県独特の名字だが、県東部では「あいない」と読むのに対し、津軽地方では「あいうち」で、県内で読み方が割れている。

● 「〜谷」という名字

「〜谷」という名字は、西日本ではほとんどが「〜たに」と読むのに対し、東にいくにつれて「〜や」の方が多くなる。これは地名でも同じで、大阪では清水谷（しみずだに）、桃谷（ももだに）と読むが、東京では日比谷、渋谷、阿佐ヶ谷など、「〜谷」という地名は「〜や」と読むのが普通だ。

名字でも、岩谷は西日本で一番集中している島根県では99％が「いわたに」であるのに対し、東日本一集中している青森県では逆に93％が「いわや」。東海・北陸以西は「いわたに」が多く、関東以北は「いわや」が主流と、東西できっぱり分かれている。

松谷の場合は、東京でも7割が「まつたに」、荒谷も東京では「あらたに」と「あらや」が半分ずつ。しかし、ともに北関東あたりからは「〜や」が増え始め、東北ではあきらかに「〜や」の方が多い。青森県では松谷の75％、荒谷の99％が「谷」を「や」と読む。つまり、「たに」と「や」の境目は日本の真ん中ではなく北関東あたりである。

さらに西谷の場合は、東北南部でも「にしたに」と「にしや」は半分ずつだが、青森県では99％が「にしや」と読み、その境目は青森県にある。

青森県は「〜谷」という名字が非常に多く、そのほとんどは「谷」を「や」と読む。県内に多い高谷、山谷、柳谷、荒谷、新谷、中谷、西谷、竹谷、泉谷、松谷、藤谷という名字はすべて「〜や」と読むことが多い。

ところが、渋谷はなぜか青森県でも「しぶたに」と読む。そして、青森県以外では「しぶや」が主流と、他の「〜谷」のつく名字とは「谷」の読み方が全く逆になっている。

●「戸」のつく名字

　青森県東部から岩手県北部にかけての地域には、一戸から九戸まで「戸」の付く市町村があり、同じく一戸から九戸までの名字もある。歴史的には、戦国大名だった九戸氏や、南部氏の一族の三戸氏などが有名である。

　「戸」とは、古代の律令制に基づいて朝廷が蝦夷支配するためにつくった前進基地で番号順に時代が下っていくとも、馬の産地として知られたこの地方の牧場に由来するともいわれ、定説はない。この地方は古来良馬の産地として有名で平安時代には年貢として馬を納めていたことから、岩手県九戸村のホームページでは、「戸」の由来として牧場説を採用して紹介している。それによると、「戸」を設置したのは奥州藤原氏で、経営していた広大な牧場を、一戸から九戸の9地域に分割して統括していたという。

　地名は一戸町、二戸市、九戸村が岩手県で、残りが青森県にあるが、四戸町や四戸村だけはない。それどころか、大字まで探しても「四戸」という地名そのものが全くみあたらない。

　現在地名としては存在していない「四戸」だが、名字は青森県東部から岩手県北部にかけて多く、とくに青森県の旧名川町（南部町）に集中している。農村部の地名から発祥した名字はその周辺に比較的多く残っているため、「四戸」という地名も旧名川町付近にあったと考えられる。

◆青森県ならではの名字

◎葛西（かさい）

　下総国葛西郡葛西御厨（東京都葛飾区・江戸川区付近）をルーツとする名字。桓武平氏で、清重の時に源頼朝に従い、奥州征伐後は奥州総奉行となって陸奥に広大な所領を得たのが祖である。やがて下総の本家は衰え奥州葛西氏が本家となった。戦国時代には陸奥北部の有力大名となったが、豊臣秀吉の東北平定に抵抗して滅亡した。

◎津軽（つがる）

　弘前藩主で青森県を代表する名家で、藤原姓としているものが多いが、実際には南部氏の一族ではないかとみられている。南部氏のもとで陸奥北部に勢力を広げた大浦為信が、戦国時代に津軽統一を機に南部氏から独立して津軽氏を称したのが祖という。天正18（1590）年には豊臣秀吉の小田原攻めにいち早く参陣してその所領を認知された。幕末は奥羽越列藩同盟には加わらず、維新後は伯爵となって皇族などと華麗な閨閥を築いた。

◎苫米地

　陸奥国三戸郡苫米地（三戸郡南部町苫米地）がルーツで、現在も全国の半数以上が青森県にある。上杉氏の一族か。陸奥に落ちて南部信直に仕え、苫米地館に拠って苫米地氏を称した。現在は十和田市に集中している。

◆青森県にルーツのある名字

◎二本柳

　青森県と北海道に全国の8割弱が集中している名字で、陸奥国津軽郡二本柳村（五所川原市）がルーツか。現在は下北半島に多く、東通村と、むつ市に集中している。

◎横浜

　陸奥国北郡横浜（上北郡横浜町）がルーツ。七戸朝慶の四男慶則が横浜氏を称したのが祖。江戸時代は南部藩士となる。野辺地町では最多名字となっている。

◆珍しい名字

◎悪虫

　八戸市にあるきわめて珍しい名字。もともとはアイヌ語に漢字をあてたもの。「悪」は「実力がある」という意味で、「虫」ももともとは動物全般を指す言葉だった。しかし、その後「悪」も「虫」もあまり良い意味ではなくなったことから、戦後1軒を残してすべて改名したという。

◎伊調

　八戸市付近の名字で三戸郡新郷村がルーツ。伊調本家の裏手には樹齢400年を超える大イチョウがあり、これに由来するとみられる。明治になって戸籍登録する際に、屋号として使われた「イチョウ」に佳字をあてたものか。

◎妻神

　十和田市に集中している名字。古くは「妻ノ神」と書いていたといい、厄災が村に入って来ることを防ぐ道祖神（さいのかみ）に漢字をあてたもの。五戸町では才神と書く。

〈難読名字クイズ解答〉
①いずもり／②いずりまち／③おりかない／④おんまやしき／⑤かまやち／⑥かろうじ／⑦こひるいまき／⑧さそざき／⑨じんば／⑩たいよし／⑪はたちや／⑫ぶんばい／⑬へらい／⑭よないやま／⑮よまさり

II

食の文化編

米 / 雑穀

地域の歴史的特徴

　田舎館村の垂柳遺跡で水田跡が発見されるまで「東北地方北部に弥生時代はなかった」といわれていた。しかし、1981（昭和56）年に水田跡が発見され、それ以前から出土していた弥生式土器と合わせて、東北地方北部にも弥生時代の存在していたことが明らかになり、考古学史を書き換えるほどの発見となった。

　1625（寛永2）年には青森開港に伴い、東廻り航路による江戸廻米が開始された。1665（寛文5）年には八戸藩が初めて江戸に廻米した。

　1871（明治4）年に弘前県など5県ができ、同年9月に青森県に合併された。青森県という名前の由来については、①青々とした盛り上がった台地、②青々とした松の森、③青森山の名称から、④アは接頭語、ヲを高くなった所、モリは盛りで、高く盛り上がった地、といったさまざまな説がある。

　青森県の稲作は冷害との闘いが続いた。5月～7月に「ヤマセ」とよばれる北東からの冷たい風が下北地方や南部地方に吹きつけ、大きな被害をもたらした。青森県は冷害を防ぐため、田中稔を中心に三本木町（現在の十和田市藤坂）の試験地で品種改良に取り組み、1949（昭和24）年、冷害に強い「藤坂5号」を開発した。1953（昭和28）年の冷害では、それを乗り越え冷害に強い稲であることが実証された。「藤坂5号」はその後の品種改良の礎になった。

コメの概況

　青森県の耕地面積に対する水田の比率は53.0％で、全国平均より多少低い程度だが、水田率の高い東北地方6県では最も低い。このため、農業産出額に占めるコメの産出額の比率は13.8％で東北6県では最も低い。品目別農業産出額は、リンゴに次いでコメは第2位である。

水稲の作付面積、収穫量の全国順位はともに11位である。収穫量の多い市町村は、①つがる市、②五所川原市、③青森市、④十和田市、⑤弘前市、⑥中泊町、⑦平川市、⑧鶴田町、⑨藤崎町、⑩黒石市の順である。県内におけるシェアは、つがる市18.4％、五所川原市12.5％などで、両市で3割以上を生産している。

　青森県における水稲の作付比率は、うるち米97.6％、もち米1.6％、醸造用米0.8％である。作付面積の全国シェアをみると、うるち米は3.0％で全国順位が11位、もち米は1.2％で長野県、静岡県と並んで20位、醸造用米は1.6％で石川県と並んで14位である。

　陸稲の作付面積の全国順位は福島県、新潟県と並んで、収穫量は福島県と並んで、ともに8位である。

　田舎館村は、品質の異なる稲を使って田んぼに絵柄を描く田んぼアートの発祥の地である。稲文化をアピールする事業として1993（平成5）年に同村で本格的に始めたのが最初とされる。

　鶴田町は2004（平成16）年に、コメ中心の食文化を継承するとともに、正しい食習慣を普及し町民の健康を増進することを目的にした朝ごはん条例を全国で初めて施行した。この運動は、その後、全国的な「早寝早起き朝ごはん運動」につながった。

知っておきたいコメの品種

うるち米

（必須銘柄）あきたこまち、つがるロマン、まっしぐら、むつほまれ、ゆきのはな

（選択銘柄）あさゆき、コシヒカリ、青天の霹靂、つぶゆき、ねばりゆき、ひとめぼれ、ほっかりん、紫の君

　うるち米の作付面積を品種別にみると、「まっしぐら」が最も多く全体の61.2％を占め、「つがるロマン」（34.6％）、「青天の霹靂」（3.8％）がこれに続いている。これら3品種が全体の99.6％を占めている。

●まっしぐら　2015（平成27）年産の1等米比率は94.6％とかなり高かった。まっしぐらに、きまじめにおいしさを追求する稲作農家の心意気が名前の由来である。2006（平成18）年にデビューした。県内全域で作

付けされる県の看板品種である。外食産業など業務用を中心に販路を拡大している。津軽地区産の「まっしぐら」の食味ランキングはＡである。

- **つがるロマン**　2015（平成27）年産の1等米比率は92.6％と高かった。津軽中央、津軽西北、南部平野内陸地帯を中心に作付けされている。津軽地区産の「つがるロマン」の食味ランキングはＡである。
- **青天の霹靂**　「青」は青森、「天」ははるかに広がる北の空、「霹靂」は稲妻である。稲妻は稲の妻と書くように、稲に寄り添いコメを実らせるとされている。晴れ渡った空に突如として現れる稲妻のような、鮮烈な存在になりたいと考えて名付けられた。2015（平成27）年産の1等米比率は97.0％ときわめて高かった。津軽地区産の「青天の霹靂」の食味ランキングは最高の特Ａである。
- **あきたこまち**　2015（平成27）年産の1等米比率は93.8％と高かった。
- **あさゆき**　粘りが強く、もち米に近いと地元が期待を寄せている新品種である。

もち米

（必須銘柄）あかりもち、アネコモチ
（選択銘柄）式部糯

　もち米の作付面積の品種別比率は「あかりもち」56.3％、「アネコモチ」43.8％である。

醸造用米

（必須銘柄）古城錦、華想い、華吹雪、豊盃
（選択銘柄）華さやか

　醸造用米の作付面積の品種別比率は「華吹雪」75.0％、「華想い」25.0％である。

- **華吹雪**　青森県が「おくほまれ」と「ふ系103号」を交配して、1986（昭和61）年に育成した。弘前市、三戸町、つがる市での作付けが定着し、県産純米酒用の原料の定番になっている。
- **華想い**　青森県が、「山田錦」と「華吹雪」を交配し、2002（平成14）年に育成した。作付けを弘前地区に限定し、青森県酒造組合と契約栽培し、全量を県内醸造メーカーに供給している。

知っておきたい雑穀

❶小麦

　小麦の作付面積の全国順位は20位、収穫量は19位である。主産地は、つがる市、五所川原市、十和田市、弘前市などである。

❷アワ

　アワの作付面積の全国順位は12位である。収穫量は四捨五入すると1トンに満たず統計上はゼロで、全国順位は不明である。主な栽培品種は「黄粟」などである。統計によると、青森県でアワを栽培しているのは八戸市だけである。

❸キビ

　キビの作付面積の全国順位は山形県と並んで9位である。収穫量の全国順位は9位である。主な栽培品種は「モチキビ」などである。統計によると、青森県でキビを栽培しているのは八戸市だけである。

❹ヒエ

　ヒエの作付面積の全国順位は、岩手県、秋田県に次いで3位である。収穫量の全国順位は岩手県に次いで2位である。栽培品種はすべて「達磨」である。統計によると、青森県でヒエを栽培しているのは八戸市だけである。

❺ハトムギ

　ハトムギの作付面積の全国順位は12位、収穫量は9位である。栽培品種はすべて「中里在来」である。統計によると、青森県でハトムギを栽培しているのは中泊町だけである。

❻モロコシ

　モロコシの作付面積の全国順位は7位である。収穫量は四捨五入すると1トンに満たず統計上はゼロで、全国順位は不明である。栽培品種はすべて「たかきび（在来種）」である。統計によると、青森県でモロコシを栽培しているのは深浦町だけである。

❼そば

　そばの作付面積の全国順位は10位、収穫量は13位である。主産地は八戸市、蓬田村、青森市、十和田市、五所川原市などである。栽培品種は「キタワセソバ」「階上早生（はしかみわせ）」「にじゆたか」などである。

❽大豆

　大豆の作付面積の全国順位は富山県と並んで9位である。収穫量の全国順位も9位である。主産地はつがる市、弘前市、五所川原市、鰺ヶ沢町、十和田市などである。栽培品種は「おおすず」などである。

❾小豆

　小豆の作付面積の全国順位は8位、収穫量は9位である。主産地は十和田市、八戸市、五戸町、七戸町などである。

コメ・雑穀関連施設

- **稲生川用水**（十和田市、六戸町、三沢市、おいらせ町）　奥入瀬川から取水し、青森県南東部を潤す用水路である。1852（嘉永5）年に三本木開拓の計画を藩に提出し、1855（安政2）年に水路工事に着手した。1859（安政6）年に三本木まで導水した。国営開墾事業が終了した1966（昭和41）年における総延長は70kmである。

- **三本木原開発**（十和田市、六戸町、三沢市、おいらせ町）　三本木原は、十和田市を中心に、上北郡東部の上記市町にまたがる台地である。東西は40km、南北は32kmである。十和田山の噴火でできた火山灰土壌の扇状地帯で、荒涼たる平原だった。この土質のため、雨水はすぐに地中にしみ込んでしまい、樹木もあまり生えなかった。新渡戸傳が三本木新田御用掛となり、後に稲生川用水となる人工河川の工事に着手したのは1855（安政2）年だった。御用掛はその後、長男の十次郎、その長男の七郎へ世襲された。稲生川用水が開通した翌1860（万延元）年に開拓地域で初めてコメ45俵が収穫された。その2年後、十次郎に三男が生まれたため稲之助と命名した。この子は成長して改名し、国際親善に活躍した新渡戸稲造である。三本木原開発は1937（昭和12）年に国営開墾事業となり、1966（昭和41）年に終了した。

- **田舎館村埋蔵文化財センター「弥生館」**（田舎館村）　埋蔵文化財センター「弥生館」は、垂柳遺跡で1981（昭和56）年に発見された弥生時代の水田跡の上に建ち、遺構露出展示室もある。八甲田山の過去の噴火で山麓には多くの噴石物が降り積もった。それらが洪水の際に遺跡に堆積した様子もわかる。

- **廻堰大ため池**（鶴田町）　1660（明暦6）年、津軽藩主・津軽信政公に

よって西津軽の新田開発の用水源として築造された。池の周囲は11km、堤の延長は4.2kmと長い。今も西津軽の農業地帯400haを潤している。岩木山の姿を湖面に映し、「津軽富士見湖」の愛称がある。

- 藤枝ため池（五所川原市）　江戸時代の元禄年間（1688〜1704）に、津軽藩主津軽信政公が岩木川の治水事業に併せて、新田開発のかんがい用に築造した。今も420haの水田を潤している。「桜桃忌」が行われる太宰治ゆかりの芦野公園内にあり、芦野湖の通称がある。周辺一帯は、芦野池沼群県立自然公園に指定されている。

コメ・雑穀の特色ある料理

- のっけ丼（青森市）　古川市場の案内所などで食事券を購入し、券と引き換えにどんぶりご飯と好きな海産物などの具材をのっけてつくる。ホタテ、マグロなど鮮度抜群の旬の刺身をはじめ、イクラ、すじこから手づくり総菜、漬物まで具材は豊富である。

- ヒラメのヅケ丼（鰺ヶ沢町）　白神山地の清流が流れ込む日本海で育った鰺ヶ沢産のヒラメはほぼ年間を通して水揚げされる。それをづけにし、ご飯にたっぷり盛り付ける丼である。淡白なヒラメも漬けだれによって味の深み、こく、食感が異なるため、食べ比べるのも一興である。

- 八戸ばくだん（八戸市）　八戸港で水揚げされたイカをさいの目状に切り、ショウガと、同県田子町産のニンニクでつくった特製しょうゆだれに漬け込み、イクラと卵黄をのせたご当地丼である。ニンニクしょうゆ風味のイカに卵黄がまろやかにからみ、絶妙な味をかもし出す。

- ベゴもち（下北地域）　牛のことを東北地域などの方言でベコというが、下北地域ではベゴという。ベゴもちは、端午の節句につくられるもちである。かつては黒砂糖と白砂糖を使って牛のようなまだら模様を付けたのが名前の由来である。現在は天然の色素できれいな模様を付ける。

コメと伝統文化の例

- 青森ねぶた祭（青森市）　ねぶたはねぶり返しともいわれ、農繁期を前にして眠気や睡魔を流し去るという意味がある。平安時代、蝦夷地平定のため津軽に来た征夷大将軍・坂上田村麻呂が、蝦夷の人々をおびき出すための人形をつくったのが起源とされる。国の重要無形民俗文化財に

指定されている。開催日は毎年8月2日～7日。ほぼ同じ時期に、弘前市では弘前ねぷたまつりが行われる。

- **えんぶり**（八戸市）　市内一円で行われる神事芸能である。ヤマセによる冷害を食い止め、豊作を願って、農具の「えぶり」を手に雪を踏みしめて踊る。約800年の伝統がある。「えぶり」は田んぼの土をならし、もみをかき寄せるのに用いる。「えぶり」がなまって「えんぶり」となった。開催日は毎年2月17日～20日。

- **お山参詣**（弘前市）　津軽の象徴である岩木山を地元では「お山」「お岩木山」「お岩木様」などとよび、古くから霊山として信仰を集めてきた。藩政時代は、一部の武士階級だけが登山できたが、一般にも開放された明治以降は津軽郡の集落ごとに豊作祈願の登山行事が行われるようになった。その麓にある岩木山神社の大祭は、津軽最大の秋祭りである。開催日は毎年旧暦8月1日。

- **常盤八幡宮年縄奉納裸参り**（藤崎町）　豊作を祈る藤崎町常盤地区恒例の年頭行事である。水で実を清めた裸の若者たちが重さ400kg、長さ5mほどの巨大な年縄（しめ縄）を常盤八幡宮に奉納する。1664（寛文4）年から続く伝統行事である。開催日は毎年1月1日。

- **七日堂大祭**（平川市）　平川市尾上地区の猿賀神社で行われるその年のコメの作柄や天候を占う神事である。「柳からみ神事」と「ゴマの餅撒き神事」が行われる。柳からみ神事は、奉納した大ヤナギの枝を盤上にたたきつけ、その際の枝のこぼれ具合で豊凶をみる。ゴマの餅撒き神事でまかれた紅白のもちは豊年満作、無病息災のお守りとして大事に持ち帰る。開催日は毎年旧暦正月7日。

こなもの

ひっつみ

地域の特色

　青森県は、本州の北部に位置し、山地の多い地形であり、西は日本海、北は津軽海峡、東は太平洋に面している。北に突出している下北半島と津軽半島との間には、早い時代からホタテの養殖が始められた陸奥湾がある。津軽平野、青森平野が開けていて、大玉のニンニクやリンゴ（銘柄名「ふじ」や「つがる」）、ナガイモなどの農作物の生産はよく知られている。青森県には木材や食品の伝統産業があり、青森港は商港として重要な機能を果たしている。八甲田山麓や十和田湖周辺では肉牛の肥育が盛んであり、津軽海峡の大間近海で漁獲されるマグロは、高級マグロで取引され、小川原湖や十三湖のヤマトシジミの美味しさも有名である。

食の歴史と文化

　青森県の南部は、果樹園、海や山があり独特の文化をもっている。八戸の「八食センター」には、新鮮な魚介類、野菜類が揃っていること、元気のよい「おかみさん」が働いていることで知られている。青森県も人口構成の高齢化に伴い後継者が減少していることが課題となっている。

　江戸時代には、津軽藩は稲作育成のための新田開発を奨励し、ヒバの造林も進めた。参勤交代の際に、青森へ持ち込んだ野菜の種子によって、数々の伝統野菜の栽培が続けられている。リンゴの栽培が始まったのは明治維新後で、これを機会に農業県としての基礎が確立した。山間部に当たる南部地方では、安土桃山・江戸時代になると主食用の作物としてアワやヒエ・ソバのような雑穀が栽培され、藩主もこれらを使ったヒエ飯、アワ飯を食べていたとも伝えられている。一方、津軽地方は、水田での稲作が行われていたので、コメとアワやヒエなどの混食を普通にしていた。

　昔の青森県は、飢饉と背中合わせの時代が多かったので、青森県内で栽培・収穫される野菜を、上手に利用せざるをえなかった。その環境の中で

生まれた郷土料理や伝統料理が多い。また青森県も北海道と同じように、厳しい冬の寒さに備えて、野菜や魚を利用した保存食や、正月用の馴れずしを作るなど、寒い地域の人の智恵から生まれた保存食が多くみられる。

　山地や平野では、コゴミ、タラの芽、イタドリ、フキ、ワラビ、ゼンマイなどの山菜も塩漬けにして、冬の野菜として利用することも考えだしている。

　青森県の陸奥湾の漁民は、11月のタラ漁の前にシトギ（粢）の粉を水に溶かした濃汁を大きな茶碗や鉢に入れて、船頭や村人の顔にこの汁粉を塗り、豊漁を祈る習慣があったといわれている。

　12月の行事食として、きび餅を作り神に供えることになっている。冬は魚介類の美味しい季節であり、豊富な海の幸が漁獲され、刺身や煮つけ、焼き物のほか、保存食として野菜を詰めたいかずしを作る。寒い時期に水揚げされるマダラのじゃっぱ汁は、青森の代表的郷土料理である。

　弘前周辺の「けの汁」は、細かく刻んだ根菜・山菜などを入れてみそ汁風の正月料理である。かつて、青森港と函館港の間を活躍していた青函連絡船の青森港の待合室や弘前、青森の市中にある「おでんや」のおでんは、甘い味噌だれにカラシをつけて出していた。青森風のおでんの食べ方だそうである。南部地方の「せんべい汁」は、こなもの製品の小麦せんべいを割り入れた汁物で、会合や山仕事で食される。郷土料理で町の活性化を目的として、最近は東京都内でも「せんべい汁」のセットが販売されている。

知っておきたい郷土料理

だんご・まんじゅう類

①串もち

　串もちには、そば粉で作った丸餅のようなもので、茹でるものと茹でてから囲炉裏で炙るものがある。不意の客のもてなしに考えられた手間のかからないだんごである。焼くだんごは、間食（方言で「こびり」）、屋根のふきかえ（方言で「やどこ」）、悪い病気や悪霊が入らないための人形立て（方言「人形結い」）用に作る。「人形結い」の人形は、カヤと麦わらで高さ約2mの男女の人形を2体つくり、集落の入り口に立て、この人形に串餅を刺して、疫病や悪霊が部落に入り込まないための魔除けとした。

そば粉に少量の塩を入れ、熱湯をかけてごく軽く練り、直径3cmの平らな丸もちを作る。これを沸騰した湯の中に入れて茹で上げる。①茹で上げたばかりの熱い餅は、皿にとり、味噌（またはぎょうじゃニンニク入り味噌）をつけて箸で食べる。②茹で上げた丸餅は、串に刺してエゴマ（地方名「じゅね」）味噌をつけて囲炉裏で焼いたものである。串にはタラノキが使われる。

②そばだんご

青森県の南部上北地方はソバの産地なので、ソバがいろいろな形で利用されている。ハレの日の食べ物として、手間のかかる小豆餡を入れたそばまんじゅうを作る習俗がある。仏壇に供えてから食べることもある。

③彼岸だんご

春と秋の彼岸の中日に、もち米の粉で作る小豆餡入りのだんごで、家で作るのがこれまでの習俗であった。だんごは熱湯で茹でてから、冷まして重箱に詰めて仏壇、お墓、寺の位牌堂に供える。

④麦だんご

小麦粉で作るだんご生地で小豆餡を包んで、茹でただんごである。間食用に作る。小豆餡は砂糖を加えて甘くする場合と塩を加えた塩味の場合がある。

⑤酒まんじゅう

小麦粉、どぶろくでまんじゅうの生地を作り、これで黒砂糖と塩で調味した小豆餡を包んで蒸したまんじゅうである。間食に用意するまんじゅうである。三戸地区では、どぶろくをいつも作ってあるので、酒まんじゅうもいつでも作ることができる。

⑥くじら餅

各地で雛祭りに作る菓子で江戸時代に流行したといわれている。上白米粉と葛餡（くずあん）の2層の蒸しもので、クジラの黒い表皮と白い脂肪層をイメージした菓子。現在の鰺ヶ沢のくじら餅は、小豆だけで作る。昭和の初期は、小豆と白の2段で作ってあった。

⑦キリスト餅

湯瀬温泉ちかくの戸来（へらい）（新郷村）は、キリストの墓と伝えられている十来塚（とらいづか）がある。これに因んだ餅で、小麦粉の餅を作り、みそだれ、ごまだれをつけ、焼く。

お焼き・焼きおやつ・お好み焼き・たこ焼き類

①そばまんじゅう

多くは、自家製のそば粉で作っている。そば粉だけを熱湯で捏ね、小豆のつぶし餡を入れて丸め、鉄製のしとぎ鍋というもので、両面をこんがりと焼き、熱いうちに食べる。

②いびきりもち

そば粉を熱湯で練り、適当な大きさにちぎって生地を作り、餡として味噌を入れて包み、囲炉裏の火床で焼いたもの。「いびきりもち」は持ちやすいため、間食や弁当にも利用される。残りの飯があると、塩を加えたそば粉に混ぜ、いびきりもちのように丸めて焼いて食べることもある。

③ひっつみ

青森県南部の郷土料理ですいとんの一種。岩手県の北部にも同じ郷土料理がある。「ひっつみ」は「引っ摘む」の方言。小麦粉に水を加えて軟らかくなるまで捏ねてから、熟成させる。小麦粉の生地は熟成することにより軟らかい弾力のある生地となる。これを、食べやすい大きさに引っ張ってちぎり、煮干し、コンブでとっただし汁を醤油または味噌で調味し煮汁の中に入れて煮込む。ちぎった生地が浮き上がってきたら、いったん取り出す。煮汁にネギ、シイタケ、ゴボウ、ニンジン、ダイコンを入れて軟らかく煮てから、とりだしておいた生地を戻し、温めて食べる。

④せんべい汁

八戸市周辺の郷土料理、南部せんべいを手で割って、醤油味で煮立てた汁の中に入れる鍋料理。せんべいは南部せんべいの中でもせんべい汁の具にすることを前提に焼き上げた「かやき煎餅（おつゆ煎餅・鍋用煎餅）」を使う。この煎餅を手で割って、醤油ベース（または味噌・塩ベースのもある）の鶏肉や豚肉のだし汁で、これらの肉とともにゴボウ、キノコ、ネギなどの具材とともに煮立てた鍋料理。だし汁を吸った煎餅は、すいとんの歯応えをつよくした食感となる。

麺類の特色

青森県で栽培されている主なソバの品種は、階上早生（はしかみわせ）や牡丹そばがある。とくに、大正時代の後半から階上早生を栽培している。品種の栽培に適した気候風土であるからである。県内のブ

ランドそばには津軽そばがある。

めんの郷土料理

①津軽蕎麦

弘前の山間にソバ畑がある。12月8日は「8日そばの日」といい、この日のためにそば打ちが行われる。そば粉を練る時に、生大豆の粉を少しずつ振り入れる。

かけそばの汁のだしは、干したイワシやアジを使う。そばには、油揚げや、薬味にみじん切りのネギやダイコンとトウガラシを合わせてすりおろした「もみじおろし」を入れる。

②つっつけ

小麦粉に少し多めの水を入れて捏ねて作ったドゥ（dough、生地）を、打ち棒に巻きつけて麺帯を作り、打ち棒に巻いたまま、端から三角形に切り分ける。これが「つっつけ」である。大鍋で三角形に切ったダイコンを煮立て、これに同じく三角形に切った豆腐を入れ、煮立ったら「つっつけ」を加えて煮る。煮えたらネギ味噌で食べる。

③小豆ばっとう

「ばっとう」は、小麦粉で作る幅広い自家製のうどん。「ほうとう」と同様のもの。小豆に黒砂糖を入れ、とろっとした小豆汁を作り、この中に茹でた「ばっとう」を入れる。

④その他

十和田湖周辺では、とろろそば、よもぎめん、韃靼そばなどの乾麺が作られている。

くだもの

地勢と気候

青森県は本州の最北端に位置し、津軽海峡を隔てて北海道と向き合っている。県の東部はまさかり状の下北半島、西部は津軽半島がそれぞれ北に突き出し、これらの両半島によって陸奥湾が形成されている。東は太平洋、西は日本海に面し、3面を海に囲まれている。県内で最も広い平野である津軽平野は、南に岩木山を望み、平野の中央を流れる岩木川の流域は沖積層で、肥沃な平地を形成している。

青森県の気候は、冬季に雪の多い津軽・下北と、雪の少ない「三八上北」（県東南部の三戸郡、八戸市、上北郡）、夏季にヤマセが発生した場合、影響の大きい下北・「三八上北」と、影響の少ない津軽に大別される。

知っておきたい果物

リンゴ　青森県におけるリンゴの栽培は1875（明治8）年に県内に苗木が配布されたのが始まりである。リンゴの栽培面積、収穫量の全国順位はともに1位である。収穫量シェアは57.3％である。

青森県で生産されているリンゴの品種は50種近くにのぼる。ただ、生産量の多くは全国的な有名品種に集中する傾向がある。品種を区分ごとにみると、晩生種が62.5％できわめて多く、中生種が23.9％、極早生・早生種が13.6％である。全体の構成比をみると、晩生種の「ふじ」が49.2％、「王林」が10.8％で大宗を占めている。中生種では「ジョナゴールド」が10.0％、「早生ふじ」が3.8％、「陸奥」が2.3％である。極早生・早生種では「つがる」が11.7％で、極早生・早生種の大部分を占めている。

近年は、主力の「ふじ」については、日照時間を長くして糖度を高めるため、袋をかぶせずに栽培する「サンふじ」が7割を超えている。青リンゴの「あおり24」も生産している。

地域別では、弘前市を中心とした中南地域が県全体の生産量の約6割を

占めている。出荷時期は品種によって異なり、最も期間の長い「ふじ」は10月～7月である。「王林」は10月～3月頃である。

五所川原市には、皮はもちろん、果肉、花、若葉、枝まで赤いという世界的にも珍しい「赤～いりんご」（品種名は御所川原）がある。市内一ツ谷地区には、その木が約380本、1kmにわたって植栽されている「赤～いりんごの並木道」がある。秋の赤い果実だけでなく、春には赤い花でまちを彩る。

西洋ナシ　西洋ナシの栽培面積の全国順位は2位、収穫量は4位である。栽培品種の構成比は「ゼネラル・レクラーク」（26.8%）と「ラ・フランス」（26.2%）が双璧をなし、「バートレット」（18.2%）、「プレコース」（11.3%）、「フレミッシュ・ビューティ」（7.9%）、「マルゲリット・マリーラ」（6.0%）と続いている。主産地は南部町などである。出荷時期は8月～12月頃である。

ブドウ　ブドウの栽培面積の全国順位は8位、収穫量は9位である。栽培品種は、県南では「キャンベル・アーリー」、津軽地方では「スチューベン」が中心である。県全体の品種構成は「スチューベン」69.5%、「キャンベル・アーリー」20.1%で、両者が大宗を占めている。

主産地は鶴田町などである。出荷時期は品種によって大きく異なり、「スチューベン」は9月～3月、「キャンベル・アーリー」は8月～10月頃である。

桃　桃の栽培面積の全国順位は10位である。収穫量の全国順位は福岡県と並んで10位である。栽培品種の構成は「川中島白桃」が43.8%で最も多く、「あかつき」（21.2%）、「まどか」（3.5%）と続いている。

出荷時期は、全国的に出荷量が減少する9月頃が中心で、青森県は遅出し産地である。津軽地域産の「川中島白桃」は「津軽の桃」のブランドで出荷されている。

ネクタリン　ネクタリンの栽培面積、収穫量の全国順位はともに4位である。主産地は南部町、弘前市、三戸町などである。

フサスグリ　青森県で多いのはカシスともよばれるクロフサスグリ（黒房スグリ）である。これを含めたフサスグリの栽培面積、収穫量の全国順位はともに1位である。栽培面積では全国の51.9%だが、収穫量では75.0%を占めている。主産地は青森市、七戸町、十和田市

などである。

アンズ　アンズの栽培面積の全国順位は2位、収穫量は1位である。栽培品種は「八助」が主力で、「新潟大実」なども栽培している。栽培面積では全国の39.1％だが、収穫量では69.7％を占めている。主産地は南部町、弘前市、八戸市などである。出荷時期は6月〜8月頃である。

マルメロ　マルメロの栽培面積、収穫量の全国順位はともに2位である。主産地は三戸町、東通村、平川市などである。

クルミ　クルミの栽培面積、収穫量の全国順位はともに2位である。主産地は弘前市、青森市などである。

プルーン　プルーンの栽培面積、収穫量の全国順位はともに長野県、北海道に次いで3位である。主産地は弘前市、南部町、田舎館村である。

サクランボ　サクランボの栽培面積、収穫量の全国順位はともに4位である。栽培品種は「佐藤錦」が54.5％で全体の半分以上を占め、「紅秀峰」（7.0％）、「南陽」（5.4％）と続いている。主産地は三戸地域である。出荷時期は6月〜7月頃である。

　青森県におけるサクランボの栽培は明治時代にさかのぼり、当時はリンゴ園の周りに防風林として植栽された。

メロン　メロンの作付面積、収穫量の全国順位はともに5位である。露地ものの出荷時期は7月〜9月頃である。

ブルーベリー　ブルーベリーの栽培面積の全国順位は9位、収穫量は11位である。主産地は八戸市、十和田市、中泊町などである。出荷時期は7月〜9月頃である。

ヤマブドウ　ヤマブドウの栽培面積の全国順位は3位、収穫量は4位である。主産地は鰺ヶ沢町、南部町、五戸町などである。

日本ナシ　日本ナシの栽培面積の全国順位は29位、収穫量は34位である。栽培品種は「長十郎」「幸水」「多摩」などである。出荷時期は8月〜12月頃である。

ギンナン　ギンナンの栽培面積の全国順位は30位、収穫量は20位である。主産地は五戸町、三戸町などである。

スイカ　スイカの作付面積の全国順位は12位、収穫量は14位である。出荷時期は7月〜8月頃である。

スモモ 　スモモの栽培面積の全国順位は7位である。収穫量の全国順位は福島県と並んで5位である。出荷時期は7月～9月頃である。

ウメ 　ウメの栽培面積の全国順位は23位、収穫量は12位である。栽培品種の主力は「豊後」「節田」などである。出荷時期は6月～8月頃である。

クリ 　クリの栽培面積の全国順位は30位、収穫量は宮城県と並んで32位である。

地元が提案する食べ方と加工品の例

果物の食べ方

リンゴとチーズの春巻（青森県）

　春巻の皮に、皮をむいたリンゴとチーズを棒状に切って包み、強力粉ののりでとめ、焼く。リンゴジュース、ハチミツ、片栗粉などでつくったソースを皿の中央に流し、盛り付ける。

りんごまるごとカラメル煮（青森県）

　リンゴを4つに切り、皮をむいて煮、ざらめ糖を入れて弱火にし、好みの固さで火を止める。みじん切りにした皮、すりおろしたリンゴ、レモン汁、白ワインで煮詰める。

肉巻きりんご（青森県りんご対策協議会）

　厚さ5mmに横にスライスしたリンゴを油で軽くソテーし、もち、スライスチーズ、みじん切りしたキムチをのせて、豚バラ肉でくるみフライパンで豚肉、もちに火が通るまで両面を焼く。

りんごと手羽元のおひさまシチユー（青森県りんご対策協議会）

　薄切りのタマネギ、1玉ずつすりおろし、イチョウ切りにしたリンゴ、カレー粉、ショウガのすりおろしなどを混ぜて火にかけ、熱湯をかけた鶏手羽を加え25分煮る。

りんごとほうれん草のゆずこしょう炒め（青森県りんご対策協議会）

　フライパンでオリーブオイルを熱しホウレン草を茎から炒め、イチョウ切りしたリンゴ、ホウレン草の葉を加える。しんなりしたらユズコショウなどで味を整える。

果物加工品

- 赤〜いりんごジュース　五所川原地域ブランド認定品
- 赤〜いりんごジャム　五所川原地域ブランド認定品

消費者向け取り組み

- 弘前市りんご公園（弘前市）　リンゴの木は65種、1,300本
- 道の駅なみおかアップルヒル（青森市）　リンゴ加工品など
- 名川さくらんぼ狩り（南部町）　6月中旬〜7月中旬
- ふじの原木のひこばえ（藤崎町）　県立弘前実業高校藤崎校舎の畑
- リンゴの足湯（平川市）　アップルランド

魚　食

地域の特性

　青森県は本州の北部に位置し、三方が日本海、津軽海峡、太平洋に面している。津軽海峡に面している海域には、陸奥湾が開いている。陸奥湾に流入する海水は、日本を北上してきた津軽海峡を通って流れ込む対馬海流の末端で、暖流ではあるが、陸奥湾に入る頃にはやや冷水性となり、栄養塩は比較的少なく、湾内の海水は清浄である。冷水性のホタテガイは好んできれいな砂泥底に生息する。本州最北端の岬、大間岬や恐山、仏ヶ浦、猿ヶ森という下北半島には、アワビ、マダイ、コンブが豊富に生息している。北海道の渡島と相対して位置する津軽半島は、古くから松前藩との交易が盛んに行われていた。津軽半島の龍飛崎は、対岸の北海道白神岬とは近く、断崖草原地である。この青森と北海度の間を流れる津軽海峡は、渦巻く潮流で、マグロも回遊する海域となっている。

魚食の歴史と文化

　青森県は、地勢の影響により徳川時代には、東の南部藩と西の津軽藩に分かれていた。津軽地方にはこの地方独特の夏の「ねぶた祭り」がある。東の南部地方の冬は豪雪のためたびたび凶作に見舞われ、豪華な祭りはなく、夏祭りとしては八戸の静かな「三社祭り」がある。

青森県の成り立ち

　青森県を「陸奥（むつ）」といっているが、昔は常陸の国（現在の茨城県の大部分・福島県・宮城県の南部・岩手県・青森県）の「道の奥」といわれていた。その後、「道奥の国」、「陸奥国」などと改められ、鎌倉時代に「陸奥の国」が設けられ、常陸の国の北端は菊多郡（現在の勿来）までとなった。青森県の奥の湾が「陸奥湾」とよばれるようになったのは、明治4年である。陸奥の国を福島県の磐城、宮城県の陸前、岩手県の陸中に分割するときに、青森県が陸

奥とよばれるようになった。「青森」という名が誕生したのは、今の青森市街に松が青々と茂った「青森山」という小山があり、弘前藩が津軽米を江戸へ運ぶために「青森湊」を開いたことに由来すると伝えられている。「津軽」という名は、江戸初期に、陸奥国に「津軽郡」の地域が現れた。「つがる」の名の由来には、水に「漬かる所」という説、本州の果て「尽（つ）きる」との説などがある。津軽の水が集まるところとして、シジミで有名な十三湖が生まれたとも伝えられている。

青森県の人の人柄と文化

青森県の西部は「津軽」、東部は「南部」といわれている。津軽の人と南部の人には性格の違いがあるといわれている。このことは、津軽と南部の間に食文化の違いが生じる理由ともなっている。個人差はあるが、世間では津軽の人は外向的で進歩的であり、南部の人は正直で勤労意欲が強く、努力家であるとの評判である。

奈良時代直前までの東北地方には中央と異なる独自の文化があった。東北の人々には、狩猟・漁撈で生活していた縄文文化のなごりを受け継いでいる面もみられたらしい。このため、東北の人を「蝦夷」と呼んでいた時代もあった。鎌倉幕府が成立したときに、津軽には幕府に忠実な安東家という有力な豪族がいた。彼らは十三湖を根拠に交易活動を営んでいた。南部は津軽と違い積雪は少ないが、夏の気温があまりあがらない日も多い。源頼朝の東北地方遠征により、奥州藤原氏が滅んだ後に勢力をのばした関東出身の武士は、南部地方に移り、蝦夷系の武士を抑え勢力をのばした。室町時代には関東武士は、岩手県まで勢力をのばしたが、江戸時代には再びもとへ戻っている。

青森県の主な生産物

青森県は地域により気象や地質が異なるが、津軽と南部での食文化も異なる。津軽地方は米を主体とした料理が多く、畑作地帯の南部では雑穀（粉食）を主体とした料理、下北地方はイモを主体とした料理、沿岸地帯は海産物を主体とした料理が目立つようである。

青森県はリンゴの生産量が日本一であることは周知のことである。ナガイモ、ニンニク、ダイコン、ゴボウなどの農産物の生産量も多い。水産物

ではイカ、ホタテガイ、ヒラメ、シジミが名産物として知られている。とくにイカの水揚げ量は日本一である。

　青森の有名な三内丸山遺跡からは、魚の骨や貝殻が多く出土されていることから、昔から海の幸に恵まれていた地域と想像されている。陸奥湾のホタテガイの漁業は徳川時代の中期から行われ、ホタテガイの養殖の発祥の地でもあり、現在は天然物の漁獲量も上回るようになっている。陸奥湾のホタテガイの養殖は山本護太郎（1914〜？）の研究にはじまり、その基礎を築いたのは豊島友太郎（1899〜1965）であった。豊島友太郎は1955年にホタテガイの育苗生産に取り組み、養殖事業へと発展させた。

　また、ホタテガイの貝柱は乾燥品やナマコの乾燥品を俵物として中国貿易に使われていたようである。

大間とマグロ

　本州最北端の大間町は町民の約半数が漁師で、津軽海峡を釣り上げるのが大間の漁師の夢だそうである。7月末から1月中旬にかけての漁期には町全体が高揚感に包まれるほどである。毎年、8月には町の活性化のためにマグロにまつわるイベントを計画している。大間のマグロは荒々しい北の海でもまれただけあって、身の締まりと脂ののりは絶品と評判である。

八戸漁港の隆盛は戦後

　第二次世界大戦後に八戸漁港は重要となる。かつての青森の産業は、八戸を中心とする零細漁業が中心だった。第二次世界大戦後になって、沖合漁業と陸奥湾を中心とするホタテガイの養殖が盛んになり、青森県を活性化した。とくに、八戸漁港はスルメイカの水揚げの漁港として活気づくことが多い。平成23年3月11日の東日本大震災の後にも、早めに工場の再開に努めたのは、イカの加工場であった。八戸漁港には沿岸で漁獲されるホッケ、アイナメ、サメ、カレイ、海藻類のほかに、外国の領域で漁獲したサバ、サケ、マス、夏に太平洋を南下するサンマも水揚げされる。

　戦後に、引き揚げてきた人たちのために開設されたのが「八戸市魚菜小売市場」は、今なお、市場の40軒のカッチャンたち（女性たち）のパワーで、早朝の3時から夕方4時頃まで活気づいている。八戸の海は、遠浅で底性の10種類以上のカレイが漁獲される。この市場ではソウハチ、マツカワ、

ババガレイ、ヌマガレイのほか、アブラザメも販売されている。市場内で刺身、煮つけが即席で食べられる。市場は暖房がないので、炭火でカレイをゆっくり煮つけ、それを食べることにより体も温まる。

弘前の花見の酒の肴

青森県弘前市の弘前公園には弘前城があり、5月初旬の桜の花の綺麗さは全国的に有名である。弘前城は1611（慶長16）年に完成している。それ以来、弘前市は津軽地域の政治・経済・文化の中心部として発展してきた。弘前城の築城は、現在の街並み形成の礎であり、現在では、築城は弘前の街づくりの観点から非常に意義があったと評価されている。ここでの花見に欠かせない食べ物が茹でたシャコとカニ（トゲクリガニ）である。その理由は不明であるが、ちょうどこれらの海の幸の旬であり、出回り時期と関係していると考えられる。

知っておきたい伝統食品と郷土料理

地域の魚介類

津軽海峡を流れる津軽海流は、陸奥湾に流入するが、湾奥部では海水の交換が悪い。陸奥湾のきれいな砂礫や砂泥底には冷水性のホタテガイが生息し、ホタテガイの養殖は江戸時代の中期から行われている。太平洋側は寒流が流れ北海性の魚類が回遊し、日本海側は対馬海流が津軽海峡を抜けて太平洋に向けて流れ、マグロのような大型魚も回遊する。したがって、青森近海や津軽海峡で漁獲される魚介類は、クロマグロの大型魚が漁獲されるけれども、カジカ類、ドンコ類、キチジ、ヒラメ、アイナメなどの底性魚も漁獲される。青森では春から夏に暖流にのって北上するスルメイカが漁獲され、八戸漁港に水揚げされる。十三湖や小川原湖のヤマトシジミは、うま味成分のコハク酸が多いので、美味しいとの評判である。春の終わり頃から夏にかけて、ホッケ、アイナメ、ヤリイカが美味しくなる。また、ウニ、ホッキガイもとくに美味しくなる。

　地域に水揚げされる主な魚介類には、タラ（脇野沢、平館）、ヒラメ（寒ヒラメ、陸奥湾）、サクラマス（津軽海峡）、クロマグロ（大間）、マサバ（八戸前沖）、ナマコ（横浜）、シャコ（陸奥湾）、トゲクリガニ（陸奥湾）、ホタテ（陸奥湾）、ホッキ貝（三沢）などがあげられる。

伝統食品と郷土料理

①イカ料理

- **イカの飯ずし** 津軽地方に伝わる料理。茹でたイカにご飯、野菜やイカの脚を詰めて熟成させたすし。

- **イカの鉄砲焼き** 青森の西海岸に伝わる料理。イカの胴にモチゴメとウルチマイを詰め、同時に、刻んだ脚と肝臓にネギを入れ、ほぼ同量の味噌を混ぜたものも詰める。これを醤油で煮込む。食べるときに、詰め物がポンと抜けるのでこの名がある。

- **イカのぽんぽん焼き** 秋に獲れるスルメイカを利用する。いろりのまわりで、イカの脚をとり、肝臓を内側に塗って、その中に脚を細いほうから詰めて焼く。焼いているときに、胴がはじけてポンポンと音がするのでこの名がある（肝臓には刻みネギを混ぜておく）。

- **スルメイカの料理** 新鮮なイカは、刺身で食べることが多い。刺身は透き通っていて噛めば噛むほど甘味が増す。とくに津軽海峡を回遊するスルメイカの美味しさは評価が高い。塩辛、裂きイカ、燻製。イカ徳利などの加工品もある。塩辛は麹を加えたものと加えないものがある。

- **ヤリイカ料理** 下北半島で春に獲れたヤリイカは、素干しにし「するめ」とする。このするめを薪や棒で強く叩いて軟らかくして食べる。ヤリイカの耳（エンペラ）は、コノワタと和えて酒の肴にする。

②タナゴ料理

- **ウミタナゴのたたき** 初夏の料理。新鮮なタナゴ（ウミタナゴ）をたたき、すり身をつくり、それに刻みネギを混ぜ、すり身とネギの混ざったものを皿にとり、熱いご飯と食べる。なお、ウミタナゴには銀色型のマタナゴと赤褐型のアカタナゴがいて、塩焼き、煮つけなどにして好んで食べられている。

③県南の漁師の料理

料理は竜神様が嫌う肉を食べず、魚を次の料理に仕立て食べた。

・刺身：イカ、ソイ、カレイ、茹でタコ

・なます魚：イワシ、タナゴ

・三平汁：イワシ、サンマ、サバ、ソイ、アイナメ、タラ

・味噌汁：ドンコ（エゾアイナメ）、カニ、クジラ

・焼き魚：イワシ、サバ、カレイ、ソイ、アイナメ

④いちご煮

　青森のハレの日の吸い物の一種である。日常はアワビやウニの傷物を使う。現在は貴重な食べ物である。汁に入ったウニが、イチゴのようにきれいにみえるので、この名がついた。

　アワビは塩でこすり、薄くそぎ切りにしておく。しその葉は細い千きりに、ネギはみじん切りにしておく。〈作り方〉鍋にお湯を煮たて、ウニをサッと入れて、醤油、酒、塩で味をつける。火からおろしぎわに、アワビ、シソ、ネギを入れる。

⑤タラ料理

● タラのじゃっぱ汁　マダラの美味しい冬の料理。身をおろした後、頭、エラ、中骨、内臓の粗（これらを「じゃっぱ」という）にダイコン、ネギを入れた味噌仕立ての汁。浜で作ったものは「大雑把」、家庭でつくったものを「雑端」といっている。

⑥昆布料理

● ひきこんぶ煮　南部地方で食べる料理。「ひきこんぶ」とは若いコンブを煮て、木枠に入れて平らにならし、木枠からはずしてノリのように干したもの。〈作り方〉ひきこんぶを水で戻す。身欠きにしんはよく洗い1cmほどに切る。鍋に油を入れて熱し、ひきこんぶと身欠きにしんを入れていためる。これにダシを入れて煮たて、酒・醤油などの調味料で味を整える。

● あかはたもち　「アカハタ」は、八戸市鮫町の岩場で、冬から春に採取するアカバンナンソウという海藻。この海藻は蒸すことにより赤色から緑色に変わり、粘りがでる。この粘りのある液体をすくってバットに入れ、寒風にさらして固めたもの。

⑦タラ料理

● たらのこ和え　津軽海峡に産卵のために近づいたマダラのタラコを使った正月料理。タラコを塩漬けして保存しておき、正月に使う。凍り豆腐、ダイコン、ニンジン、コンニャクを細長く、食べやすく切り、これを炒め煮にし、煮汁がなくなったらタラコの袋を切り、タラコの粒を混ぜる。

⑧クロマグロ

12月頃から日本海や太平洋での南下が始まり、青森近海では秋から冬

にかけて漁獲される。地元で消費されるよりも東京・築地の魚市場へ運ばれるものが多い。下北半島の大間ではクロマグロは一本釣り漁法で漁獲することで知られている。

⑨イワシ料理

- **イワシの焼き干し**　だし用につくる。水揚げされたイワシは、板状に張り合わせた煮干しで、惣菜料理には欠かすことができない。

⑩ホタテガイ

- **ホタテガイの料理**　陸奥湾のホタテガイは大粒で肉厚である。外海に地まきされたホタテガイは付着物が少なく、きれいな貝殻で貝柱の歯ざわりがよい。小粒のホタテガイは、みそ汁の具にも使われる。

⑪キタムラサキウニ

青森の海で獲れるウニはキタムラサキウニが多い。甘くてとろりとする。そのまま食べるのもよし、ワサビ醤油で食べるのもよし、ウニ丼にもよい。春から夏が旬である。

- **ウニのいちご煮**　ウニとアワビで作る北国の初夏を代表する料理。アワビに塩をこすりつけて洗い、身をはがす。昆布だしの吸い物に薄く切ったアワビとウニを入れ、煮立たせる。アクはすくって除き、具と汁をお椀に入れる。最後にシソの葉のせん切りを散して賞味する。

- **焼きガゼ**　材料はウニとアワビ。薄くそぎ切りしたアワビをアワビの殻に並べ、その上にウニをのせ、火にかけて軽く焼いたもの。焼きたての熱いところへごく少量の醤油を垂らす。酒の肴として絶品。

⑫エイの料理

- **カスベのとも和え**　青森の冬の料理。カスベはガンギエイのこと。カスベの煮つけの煮汁を煮凝りのように固めたものであるが、まだ温かいうちにカスベの身をほぐし、煮汁の中に混ぜてから固めたもの。津軽料理遺産として認定されている「カスベの共和え」は「身、脂身、肝臓を切り分けて、それぞれを茹でてから味噌を加える。これに茹でたキャベツを刻んで和えたもの」で、キャベツを和えることでカスベの美味しさがより一層楽しめる郷土料理。ガンギエイの語源は「煮ても焼いてもうまくないので〈魚のカス〉という軽蔑の意味であるとの説と、アイヌ語に語源があるという説がある。

⑬ホッケ・アイナメの料理

新鮮なものは刺身で食べられる。煮つけ、付け焼き、照り焼きなどにして賞味される。アイナメは味噌漬け、粕漬けにすることもあり、ホッケは身肉を細かく叩いてすり身にし、団子にして澄まし汁の具にもする。

⑭ホヤ料理

- **ホヤの酢の物**　ホヤはキュウリと一緒に育つといわれ、初夏にうま味を増す。三陸沿岸の自慢の海の幸である。ホヤは内臓を傷つけないように外皮（皮囊）に包丁を入れる。この際、内部の胎水をこぼさないように包丁を入れ、胎水を容器に移す。つぎに身（筋肉や内臓）を取り出して小さく切り、胎水に漬ける。キュウリは薄く刻んで塩もみし、水気をきってホヤの身と混ぜる。ホヤとキュウリの混ぜたものは容器に移し、三杯酢をかける。ホヤは独特な匂いがある。筋肉のうま味の成分はグリシンやベタインなどのアミノ酸。皮囊はセルロース、ケラチン様たんぱく質、糖たんぱく質からなる。匂いの成分はオクタノール、デセノールなどの不飽和アルコール類である。

- **ホヤの塩辛**　ホヤの筋肉と内臓を細く切り塩漬けにしたもの。

⑮馴れずし

青森はイカが周年水揚げされるので、保存食としてイカの馴れずしを作っておく。4月にはホッケ、秋にはサケをまとめて買って、保存用に馴れずしを作る。

- **いかずし**　脚と胴の中の軟骨を除いたイカ（脚も一緒）を茹で、熱いうちに酢をかける。硬めに炊いたモチゴメに塩、酒、酢を加えて調味し、この飯と細かく切った脚とを胴の中に詰める。漬け込み用の容器に、ガーゼを敷き、ご飯と脚の入ったイカの胴を並べ、千切りしたニンジン、ショウガ、赤トウガラシを散らす。これを繰り返して、何段かの層に並べ、一番上にもニンジン、ショウガ、赤トウガラシを散らす。最後にガーゼをきっちり覆い、軽く重石して水が上がったら出来上がり。

- **ほっけずし**　ホッケを二枚におろし、塩水に1日漬ける。こまめに水を取り替えホッケから出る脂肪分を除く。塩漬けしたホッケは風通しのよいところで干す。からからに干しあがる前に身肉を伸ばし、酢水に漬ける。漬け込む容器に塩を敷き、ホッケの身を上にして平らに並べる。塩、刻みしょうが、赤トウガラシ、麹を振り、みりん・酒・酢の合わせ酢を

かける。これを交互に繰り返し何層かにしてから、重石をのせて漬け込む。

- さけずし　三枚におろしたベニザケを1cmほどの厚さに切る。中骨、頭も食べやすい大きさに切る。これらにたっぷりの酢をかけて酢締めをする。漬け込む容器の底にスノコを置き、笹の葉の表を上にして敷く。塩、刻んだネガマリタケノコ、赤トウガラシ、刻みしょうがを振る。この上にサケの身や頭、中骨を並べる。この上に再び塩、ネマガリタケノコ、赤トウガラシ、ショウガを振る。サケの身と野菜類を交互にのせて何層かにする。最後にすし飯をのせ、サラシで覆い重石をのせる。太平洋側では上北や三戸地方の河川を遡るサケを使い、1カ月ほどかけて馴れずしをつくる。

⑯身欠きにしんの料理

- がっこ（漬物）　身欠きにしん・ダイコン・小カブ・だし昆布を材料とし、麹を使った漬物。

⑰カニとシロウオ祭り

　外ヶ浜町の祭り。トゲクリガニの旬（4月下旬〜5月中旬）に合わせて開催。蟹田川河口の河川敷で、地元で獲れたシロウオ料理（踊り食い、天ぷら、卵とじ）を作って祝う。

⑱ホッキガイ料理

　ホッキガイはバカガイ科に属する二枚貝。千葉県以北から北海道に生息する。とくに青森県の生産量は多い。青森県では「北洋の活貝」といわれ、魚市場の仲買人によって料理店や小売店に販売される。

- 刺身　貝の中には砂があるので、砂を取り除く。ひもや中腸腺を薄い塩水で洗い、砂を丁寧に除く。身（舌）は食べやすい大きさに切る。肉厚の身で甘みと磯の香りを楽しめる。
- しゃぶしゃぶ　ホッキガイのひも、昆布でとっただし汁を沸騰させ、ホッキガイの身を軽く通してしゃぶしゃぶにする。
- 干物　ホッキガイの素干しは甘味があり、おやつにも酒の肴にもなる。甘味の成分はグリシンやベタインなどのアミノ酸。

⑲淡水魚の料理

　淡水魚としては十和田湖のフナ・イワナ・ヒメマスが知られている。十三湖のシジミは全国的に知られている。イトウ・ヒメマスの養殖も行わ

れている。
- ● ヒメマス料理　刺身、揚げ物、燻製として賞味されている。
- ● フナ　甘露煮にして賞味されている。この調理法は、平安末期から受け継がれているといわれている。すなわち、素焼きのフナを番茶で煮込み、砂糖・醤油・蜂蜜で調味し、ショウガのおろし汁を添える。臭みがなく美味しいと評価は高い。
- ● イトウ　刺身、から揚げ、付け焼きなど。

肉 食

激馬かなぎカレー

▼青森市の1世帯当たりの食肉購入量の変化 (g)

年度	生鮮肉	牛肉	豚肉	鶏肉	その他の肉
2001	40,442	7,756	19,413	10,263	1,827
2006	40,490	5,195	20,948	11,643	1,697
2011	43,939	5,369	23,182	13,270	1,580

　東北地方の最北端の地域で、大雪や冷害に悩まされることが多い。青森県は、江戸時代・明治時代を通じた産業育成により、現在では全国屈指の農産物や畜産物の産地となっている。三方が海に面しているので水産業も盛んである。寒冷地であるが、農産物、畜産物、水産物の産業が盛んであるから、国内だけでみれば自給率の高い地域である。

　かつてはウマが主流の畜産であった。現在でも五戸地域では馬肉を食べる習慣は残っていて、青森県の代表的肉料理となっている。畜産はウマから肉牛・乳牛・ブタ・鶏へと転換していった。青森市の1世帯当たりの食肉の購入量を比較すると、各年代とも豚肉の購入量が多く、次に鶏肉、牛肉と少なくなっている。牛肉の購入量は2001年度に比べると減少し、他方、豚肉と鶏肉の購入量は、少しずつ増加している。この傾向は、東北地方全体にも同じようにみられる。関東地方でもすき焼きには牛肉が定番になってきているが、東北地方の豚肉嗜好は維持されている。

　青森県の八甲田山麓、十和田湖周辺にはウシの公共牧場があり、そこで肥育されている黒毛和種の肉質は軟らかで、霜降り肉が多く「あおもり黒毛和種」の銘柄名がある。脂肪分が少なく、赤身肉の本来の味をもつ肉質の「あおもり短角牛」のブランドもある。黒毛和種の中では「倉石牛」が代表的銘柄牛である。肉乳兼用種も飼育されている。

　青森県のホームページによると、八戸市は飼料コンビナートの立地により、全国でも有数の養豚生産地であり、平成19年度は全国8位であった。十和田市、三沢市、むつ市大畑町、西津軽郡鰺ヶ沢町の各周辺には銘柄豚を肥育している養豚場が多い。

凡例　生鮮肉、牛肉、豚肉、鶏肉の購入量の出所は総理府発行の「家計調査」による　　77

ニワトリは、奥入瀬や六戸地域で、シャモと横斑プリマスロックの交配種の「青森シャモロック」を、青森県独自で開発している。

　馬肉料理の有名な地域としては熊本、長野が知られているが、青森県の五戸地区の馬肉料理も有名である。

知っておきたい牛肉と郷土料理

　青森県では、八甲田山麓、十和田湖周辺、下北半島、津軽地方の各地に存在する数多くの牧場でウシを肥育している。あおもり黒毛和種の肉質はきめ細やかで脂肪が霜降りとなって存在し、人の口腔内の温度でも溶けるような豊潤な味わいをもっている。脂肪を構成している脂肪酸としては、オレイン酸が輸入牛肉よりも多いのが特徴である。

　春に生まれたあおもり短角牛の子牛は、母牛とともに紅葉が終わる頃まで、八甲田山の麓の大自然の中の牧場に放牧され、ストレスを受けずにのびのびと肥育され、美味しい赤身肉となる。あおもり短角牛の肉質の主体は赤身肉で霜降り肉はないが、風味がよい。エキス分にはグルタミン酸やアラニンに富んでいて、肉そのものの味を味わうことができる。

❶あおもり倉石牛

　十和田・八甲田山を背にした山麓地区の五戸町の倉石地域で飼育されている黒毛和種である。ストレスのない自然の中で倉石地区の畜産農家により丁寧に飼育されている。この地域で飼育しているウシの中で、「あおもり倉石牛」と認定される黒毛和種は毎月40頭と少なく、希少価値の高いウシである。認定されたウシの肉質はジューシーで口腔内の温度では溶けるような食感をもち、脂肪組織は濃厚なうま味と甘味がある。天然塩で軽く味付けた網焼きがシンプルで、肉のうま味を引き立たせてくれる。

❷あおもり短角牛

　大自然の中で健康的に育てられた黒毛和種であり、あおもり短角牛（日本短角種）は北東北の山地で古くから飼育していた在来種の「南部牛」に、明治の初めに輸入したショートホーンを交配して、長年にわたり改良を加えた青森県の特産の県南地方産和牛である。夏は、八甲田山麓を中心の広大な放牧地でのびのびと過ごさせ、冬は農家の人たちに愛情いっぱいに育てられている。これは夏山冬里方式といわれている。

❸倉石牛

　サーロイン、ヒレ、リブロース，肩ロース、カルビなどの部位により全国展開で販売している。またハンバーグのレトルト品も市販している。

❹八甲田牛

　品種は日本短角牛。赤身肉のうま味にはグルタミン酸などのアミノ酸類が大きく関与している。肉質は、脂肪が少なく歯ごたえもあり、今日の赤身肉志向には最適な肉質である。夏は標高約500mの八甲田山麓に放牧し、自然の雄大な環境で飼育し、冬は人里の牛舎で飼育されている。肉質がしっかりしているので煮込み料理に適している。

● **八甲田牛丸焼き**　地元では"八甲田牛丸焼き"という豪華な料理がある。青森の「RAB祭り」では、ウシを丸焼きにし、解体してみんなで分けて食べる。

❺市浦牛

　品種は青森県を代表する黒毛和種。五所川原市近郊で飼育していて、生産数が少ないので、"幻の牛肉"といわれている。肉質は、黒毛和種の肉質の特徴である霜降り状態がよく、脂肪組織は甘く、赤身肉はうま味が豊富に存在している。これらの甘さとうま味は、焼肉やステーキに使う際には、わずかな量の天然塩で味付けをすることにより、より一層の美味しさが引き立つ。この肉の"たたき"が地元の人たちのお薦め料理となっている。

❻十和田湖和牛

　品種は黒毛和種。十和田の大自然の環境の中で飼育されている。肉質は、細かい脂肪組織が赤身肉に入り込んだ霜降り肉が美しい。脂肪組織は甘味とうま味があり、口腔内では溶けるような食感をもっている。

❼いわいずみ短角牛

　品種は日本短角種。短角牛は、寒さに強く、放牧に適し、子育てが上手である。岩泉地区は、明治時代に導入し、伝統的な「夏山冬里方式」で飼育している。肉質の脂肪含有量は少なく、たんぱく質含有量の多い赤身肉である。赤身肉のうま味はアミノ酸類が大きく関与している。交配元の三陸沿岸の南部牛は、内陸部に海産物や塩、鉄などを運び、内陸からは三陸沿岸へ生活物資を運ぶ荷役牛であった。明治時代になり、産業構造や流通網が発達すると、荷役牛としての役割が軽減され、アメリカから今泉に導

入した短角種のショートホーン種との交配により誕生したのが「いわいずみ短角牛（短角種）」である。青森県では赤べこの名で、古くから飼育されていた。赤身肉志向が高まっている最近の注目されている牛肉である。国内で開発した飼料で飼育できることが自給率向上に適している。第二次世界大戦後、脂肪含有量の多い軟らかい食材を好む人が増えたが、脂肪は健康障害を及ぼすことから敬遠するようになり、赤身肉のうま味や歯ごたえが注目されるようになった。「風味香り戦略研究所」の「うま味の強さ」の調査によると、短角牛のサーロインの旨さは、一般の国産牛の旨さの20％は美味しいと評価されている。

- **十和田湖バラ焼き** 十和田湖周辺はウシの放牧地である。そこで誕生したのがウシの「バラ焼き」である。ウシのバラ肉と大量のタマネギを醤油ベースの甘辛いタレで味付けし、鉄板で焼く料理。ブタのバラ肉やウマのバラ肉も用意されている。発祥は1960年代で、三沢米軍基地前に屋台として誕生し、その後、十和田市に広まり、現在では十和田市民の郷土料理となっている。
- **八甲田牛のジャーキー** 日本短角牛の八甲田牛の赤身肉は、地元の料理店では焼肉やステーキで提供することが多いが、これをビーフジャーキーの形でお土産としても販売している。
- **牛しゃぶしゃぶとスシセット** 牛肉の販売促進を兼ねて、観光客を相手に牛肉しゃぶしゃぶとスシのセットを提供している店がある。
- **七戸バーガー** 七戸町のベーカリーで焼かれたハンバーガー用パンに、青森産ウシとブタのそれぞれの肉をパテにし、さらに七戸産のトマト、ナガイモ、ニンニク、カシスのいずれか1品をはさんだ地元産の食材にこだわったハンバーガーである。

知っておきたい豚肉と郷土料理

　青森県八戸市の漁港には、魚介類を水揚げするもの以外の貨物船も入港できる。したがって、家畜の飼料コンビナートが立地され、家畜の飼料を積載している貨物船も入港するので、県内での家畜の飼育が盛んになっている。ウシの飼育については、牧草を食べさせる時期もあるが、牛舎での飼育には輸入の飼料も補わねばならない。生まれてから出荷まで豚舎で飼育するブタの餌についても国内産だけでは不足するので、八戸市の飼料コ

ンビナートに貯蔵されている飼料は必要なのである。

❶奥入瀬の大自然黒豚

　青森県特産のニンニクを混ぜた飼料を食べているブタは、奥入瀬渓流の自然環境の中で元気に健康的に育ち肉質は軟らかくおいしい。

❷奥入瀬ガーリックポーク

　奥入瀬地区では青森県の名産品であるニンニクを餌の中に混ぜて飼育し、「奥入瀬ガーリックポーク」の銘柄豚を飼育している。飼料にニンニクを混ぜて与えることにより、ニンニクのアリチアミン（ビタミンB$_1$の働きを助ける作用）や抗菌作用などが期待されている。このブタは赤身はもちろんのこと脂身も美味しいと評価されている。

- **奥入瀬の大自然黒豚のタン**　この黒豚の「グリルドタン」は食べやすい焼き方である。黒豚の舌（タン）は、全国的にも希少価値のある食材といわれている。十和田産というプレミア感をもたせるために、モンゴル岩塩と胡椒でシンプルに味付ける。加熱し真空パックしたものが、十和田の土産として販売されている。

- **黒石つゆやきそば**　黒石市内のもっちりした平太麺のソース焼きそばで、これに豚肉をトッピングする場合もある。

- **十和田おいらせ餃子**　地元JAの「奥入瀬ガーリックポーク」の肉、プレミアムニンニク、キャベツを主体とした具を入れた餃子。ニンニクの健康によい機能性成分の効果が期待されている。

- **根曲り竹の豚肉炒め**　根曲り竹は関東地方ではタケノコという。細い根曲りタケノコは、味噌汁の具にもする。また豚肉との炒め物にし、タケノコの食感を楽しむ料理もある。

知っておきたい鶏肉と郷土料理

　青森県には「青森シャモロック」「味鶏肉」「めぐみどり」という地鶏や銘柄鶏がある。この中でも人気のあるのが「青森シャモロック」である。

- **黒石名物よされ鍋**　横斑プリマスロック鶏（通称コマドリ）の肉や青森県産野菜を使った鍋である。通常、塩味・ポン酢・醤油・つけだれの4種の調味料のうち、2種類を選び、仕切りのある鉄鍋で同時に煮込み、食べる。

青森県の馬肉

青森県の五戸地方は馬肉の美味しい料理があることで知られている。馬肉が日本国内で食べられるようになったのは、加藤清正が豊臣秀吉の命により朝鮮に出兵した際に、過酷な籠城戦を強いられ、その際に食料がなくなり軍馬を兵士の食料として使ったことに始まるといわれている。江戸時代には、馬肉が薬膳料理の食材として利用されたといわれている。

五戸地区と馬肉料理の関係

馬肉料理で有名な地域には、馬肉料理が生まれた背景や食文化がある。

今の下北半島が名馬の産地であったことは、ここがウマの飼育に適した地域で、鎌倉時代から幕府の命令によりウマを飼育していたことによる。1885（明治18）年には、青森県に陸軍軍馬補充部三本木支所が開設され、南部農家は軍馬御用馬の飼育を行っていた。第二次世界大戦後、軍馬補充部は解体され、軍馬の活用がなくなったので、軍馬を食肉として利用するようになった。すなわち、五戸地区馬肉が料理で有名になったのは、第二次世界大戦後ということになる。かつては、五戸には多くのウマの仲買人（かつては「馬喰」といった）が住んでいた。青森県は、五戸町の馬の仲買人に相談し、馬肉料理がこの地に登場したという経緯があった現在も、青森県民だけでなく、食に興味のある人は、馬肉料理の有名な地域として青森県の五戸をあげる。

- **激馬かなぎカレー** 「激うま」と地元（五戸）の古くからの食肉の「馬」を合わせて命名されたカレー。五所川原市金木町産の「馬肉」をじっくり煮込み、カレールーはスパイスが効いた味付け。高菜の漬物が付け合わせという独特の組み合わせである。

- **五戸の馬肉料理** さくら鍋（馬肉鍋）：馬肉の薄切りに春菊、しらたき、ネギ、豆腐などを、醤油・みりん・酒などからなる調味料で、かなり濃い目の味付けをした鍋もの。味噌味の煮込みもある。地域ごとに味付けに特色はあるが、南部地方独特の味付けは豆味噌を使うことである。豆味噌が馬肉の臭みを緩和してくれるということで使われる。

- **義経鍋** 兜のあたまの部分で水炊き、つばの部分で焼肉ができるので、鍋と焼肉を一緒に楽しむことができる鍋。名前の由来は、源義経が平泉

に落ちのびる途中、武蔵坊弁慶がカモを捕え、兜を鍋代わりに使ったとのことから。

- **馬肉の炙り**　スライスした馬肉を焼いて食べる料理。
- **馬まん**　馬肉の入った中華風饅頭。
- **馬肉のかやき鍋**　五戸町の寒い時期につくる鍋、五戸地区の郷土料理。馬肉を凍豆腐（しみどうふ）、キャベツ、ゴボウと一緒に煮込んで、最後にニンニク、紫蘇を入れた鍋料理。味付けは味噌味。
- **馬刺し**　馬肉料理として知られている五戸の「尾形五戸店」の現在の店主の祖父がウマの仲買人であった。現在の店主の祖母が自宅を改造して馬肉料理の店とした。これが馬肉料理店の始まりだったといわれている。現在、自社の牧場でこだわりの飼育をし、良質の馬肉を作り出している。ウマの堆肥は、米の有機栽培の農家に配布し、そこでできる稲ワラをウマの飼料としている。馬刺し用の肉は、特上の霜降り肉と、まろやかな食感の赤身の上級馬刺し用に肉を使用している。馬刺しは生姜とニンニクのきいた特製タレで食べる。
- **馬肉（桜肉）**　一般に、馬肉が桜肉といわれているのは、馬肉の赤身肉が桜の花の色をイメージすることに語源があるようだが、実際の桜の色はもっと薄い赤色である。
- **馬肉汁**　古くからウマの産地として栄えた七戸の郷土料理。馬肉と季節の野菜を煮込み、味噌で味を付ける。

青森のジビエ料理

- **イノシシ料理**　かつて、むつ市脇野沢の旧脇野沢農協会長が生後まもないイノシシ（うり坊）を飼育したのが、脇野沢がイノシシの飼育が盛んになったといわれている。その後、イノシシ肉料理を試食し、その美味しさを確認したことから、イノシシ肉料理は脇野沢の名物になった。イノシシの肉は清潔な環境で飼育しているため、臭みはなく、脂肪は白色、肉の色は鮮やかな紅赤で、軟らかい肉質である。料理としては牡丹鍋、炭火焼き、串焼きなどが用意されている。脇野沢のホームページによると、平成19年のイノシシの出荷頭数は64である。イノブタの飼育も行われ、平成19年の出荷頭数は13であることを脇野沢のホームページで明らかにしている。

- **熊肉料理** 鰺ヶ沢町に、「赤石またぎ」の熊汁が伝わっている。マタギの調理は「熊肉は、串に刺して火で焼いたり、味噌煮にする」「内臓は脳、味噌を混ぜて和えて食べる」「臭い消しには、ネギ、トウガラシを入れる」などが工夫されている。
- **牡丹鍋** 下北半島の自然環境で育ったイノシシ肉を使った鍋。

十和田産ダチョウ

アメリカから輸入したダチョウを十和田のヘライファームが衛生的な管理のもとで飼育し、ダチョウ肉を提供している。ダチョウ肉は、脂肪含有量が少なく、たんぱく質含有量が多いので、健康に良い肉として販売されている。

地 鶏

▼青森市の1世帯当たり年間鶏肉・鶏卵の購入量

種　類	生鮮肉（g）	鶏肉（g）	やきとり（円）	鶏卵（g）
2000年	43,211	10,048	3,720	37,916
2005年	39,943	10,436	1,785	32,430
2010年	45,538	14,492	3,114	39,281

　青森県は、江戸時代・明治時代を通じた産業育成により現在では屈指の農畜産地となっている。農水産物を合わせると食料自給率は、北海道・秋田に次いで高位にある。畜産に関しては、かつての馬から肉牛・乳牛・豚・鶏へと転換した。肉牛に関しては、霜降り肉の多い「あおもり黒毛和牛」、赤身肉の多い「あおもり短角牛」はよく知られている。

　青森県内にも90社前後の養鶏場が存在するほど、県内産の鶏肉や鶏卵が広く利用されるようになっている。青森県は関東への卵の供給量が東北随一。ブランド地鶏としては、青森シャモロック（五戸町）、味鶏肉、津軽どり、まごころ、めぐみどりなどが知られている。奥羽山脈を水源とする地下水は、養鶏に適し、良質の卵の生産にもよい影響を及ぼしている。青森県の肉用若鶏の養鶏羽数は、全国で4位で、2008年は570万羽、2009年は611万羽で、1年間に5.2％の増加がみられている。

　東北地方の1世帯当たりの生鮮肉の年間購入量は、日本の他の地域と比べても最も少ない。鶏肉の1世帯当たりの年間購入量は北陸地方が最も少なく、次いで東北地方となっている。東北地方、青森市の1世帯当たりの鶏肉の年間購入量は、年々増加しているが、惣菜のやきとりの購入量は2005年には減少し、その後は増加している。青森市の鶏卵の購入量については、2005年に減少している。東北地方の鶏卵の購入量も2005年、2010年とも2000年に比べると減少しているが、青森市の2010年の鶏卵の購入量は2000年のそれよりも増加している。なお、2011年度の家計調査年報によると、2011年の1世帯当たりの鶏肉の購入量は13,270g（10,577円）であり、東北地方の中では購入量の多い地域であった。この傾向は2000年、

2005年、2010年でも同じようにみられた。

　青森県は八戸漁港を根拠とする三陸沖の沖合漁業、陸奥湾を中心とする魚介類の養殖業が発展した。畜産用の飼料は、これら水産業から副次的に産生される魚介類の部位から生産されているので、畜産関係の良質の飼料も生産されるという優位な地域でもある。

　青森県内の多くの人の鶏肉の利用は、から揚げ、副生物を使った串焼き（やきとり）、鉄板焼きなどの料理で食べることが多い。鶏肉と味噌を合わせて、ゆっくり煮込みながら練った郷土料理は、1930（昭和5）年に柏木農学校（現在の柏木農業高等学校）の佐々木という先生が考案したもので、柏木農学校の「柏」と鶏の別名「かしわ」の両方の名をとって「かしわみそ」と名づけた郷土料理である。

　卵料理では、青森市内、青森県内の料理店や居酒屋、すし屋がそれぞれ特徴のある茶わん蒸し、だし巻き卵、玉子焼きなどを提供している。青森は魚介類の水揚げも豊富な地域であるから、魚介類の中でカニを入れた茶わん蒸しは、青森地域の名物であるようである。

　青森の知名度の高い料理としては、B級グルメの祭典で毎年の人気上位にある「八戸せんべい汁」が、江戸時代（幕末）天保の大飢饉の頃に八戸藩内で生まれ、その後200年余りにわたって現在の青森県の南部地方の郷土料理として展開されている。南部せんべいを手で割って醤油ベースの汁がベースとなっている。これに使われる鶏肉や豚肉やそのだしも重要な材料となっている。野菜類としてゴボウ、キノコ、ネギなどが使われているので、栄養的にもバランスのとれた汁物といえよう。これに使う鶏肉が東北地方でも鶏肉の購入量が多くなっている要因とも考えられる。「八戸せんべい汁」を提供する店は、青森県内には約200店舗があり、そのうち青森市内には約180店舗もあるとのことである。

　青森県は豊かな米作地帯であり、北海道と日本海沿岸との古くからの交易による恵まれた生活の中から生まれた青森県人の外交的で進歩的な気質は、県外にも八戸せんべいを広めるようになったのだろう。東北地方での展開はもちろんであるが、東京都内にも神奈川県川崎市にも八戸せんべいの店が展開されている。これら、県外の店の展開も青森の地鶏の普及に結び付いているようである。

知っておきたい鶏肉、卵を使った料理

- **かしわ味噌** 青森県立柏木農業高等学校の人気の缶詰。ご飯に載せて食べる鶏肉を味噌で煮詰めた缶詰で、学校の名前の柏木のかしわと鶏肉のかしわから命名。

- **たまごみそ** 青森の家庭料理。各家庭でアレンジされているが、鍋にだし汁と鶏肉を入れて煮立て、味噌を溶きねぎを入れて卵でとじる。ご飯にかけても美味しい。

- **縄文鍋** 青森県産の産品で作ったご当地グルメ。県で開発した地鶏の"青森シャモロック"と、県特産でぬめりが少なく香りと歯ごたえが良く笠まで白いなめこの"初雪たけ"、出荷量全国1位の"ごぼう"、出荷量3位の"大根"、出荷量4位の"ニンジン"、東北での生産量1位の"長ネギ"、特産で柔らかくて美味しい"ネマガリダケ"を、醤油ベースの鶏がらスープで煮て、県産の野菜の中で生産額が1位で国内の4割シェアで、生産量全国1位の"長いも"をすってすいとんを作り、鍋に入れる。他に季節の野菜を入れてもよい。

- **貝焼き味噌**（かや） 地元陸奥湾の帆立貝の貝殻を鍋に見立てて作る郷土料理。ホタテの貝柱を煮て、ホタテのエキスが出たスープに味噌を溶き、ねぎを散らして卵でとじる。

- **八戸ばくだん** イカの水揚げ高日本一の八戸が誇る、新鮮なイカや海鮮の丼物で、卵黄が中央に載り、贅沢な"たまごかけご飯（TKG）"。たれの醤油には、青森県田子特産のにんにくとショウガが入る。名前は、食べると、美味しさが口の中で爆発するところから"ばくだん"と命名された。

- **青森シャモロックバーガー** 長い年月をかけて県の畜産試験場が開発した"青森シャモロック"と、冷めても美味しい青森県産の低アミロース米"ゆきのはな"で作った「ライスバーガー」。お米を"青森シャモロック"のガラスープで炊き上げることで、ご飯の中まで鶏の旨みがしみこみ美味しく仕上がっている。空港などで販売している。

- **青森おでん** おでん種は、たまごやこんにゃく、大根、蒲鉾のてんぷら（大角天）や筍が入るが、一番の特徴は、からしではなくおろし生姜を混ぜた味噌を付けて食べること。青森の冬の厳しい寒さに耐えられるよ

うに、体を温める生姜を味噌に入れたところ評判になり定着した郷土料理。商工会議所を中心にした「青森おでんの会」が設立されている。一般に"おでん"は、昆布や鰹節でだしをとり、醤油などで味付けをしたつゆで、ゆで卵や大根、こんにゃくなどさまざまな具材を煮込んだ料理だが、具材や味付けは各地で異なる。"おでん"のルーツは、室町時代の田楽にあるといわれている。田楽には、串に刺して焼く"焼き田楽"と、具を茹でた"煮込み田楽"があり、この"煮込み田楽"の"田"に接頭語の「お」を付けて"おでん"になったといわれている。

- **ひっつみ** 青森の八戸や二戸から、岩手県の北部に伝わる郷土料理で、すいとんの一種。鶏肉や野菜、季節の山菜など具だくさんの醤油仕立ての汁もの。小麦粉の生地を熟成することによって柔らかい弾力のある生地となる。"ひっつい"は、"引っ摘む"の方言で、生地を引っ張ってちぎり、鍋に入れることから、"ひっつみ"とよばれる。

- **せんべい汁** 八戸市周辺に江戸時代から伝わる郷土料理。鶏でだしを取った醤油味がポピュラーな鍋料理。野菜やきのこ、糸こんにゃくなどの具材を煮て、せんべい汁専用に焼いた南部煎餅「おつゆ煎餅」を割り入れて、長ネギを散らして食す。だし汁を吸った煎餅がとても美味しい。

- **うに丼** 八戸市の名勝、種差海岸周辺で作られるうに丼は、生うにではなくて蒸したうにとあわびを卵でとじた丼が一般的。昔からうにがたくさん取れるので、蒸しうににして保管する習慣があり、そこから生まれた料理。一方、生うにを使う丼は「生うに丼」として区別される。

卵を使った菓子

- **八戸うみねこバクダン** 八戸の代表的な観光スポットの蕪嶋神社のある蕪島は、ウミネコの繁殖地でも有名。この蕪島のウミネコをモチーフにしたお菓子。卵白で作ったメレンゲに、緑色の抹茶チョコと茶色のコーヒー味のチョコがコーティングされている。八戸では、空から降ってくるウミネコの糞を"ばくだん"とよんでいる。ばくだんの意味を知らないと、単にふわふわの美味しいお菓子だが、意味を知ると、確かに"糞"にもみえる。パッケージのデザインもウミネコの形をしている。

地　鶏

- **青森シャモロック**　体重：雄平均3,280g、雌平均2,680g。県畜産試験場（現在県畜産研究所）が20年の歳月を掛けて開発。横斑プリマスロックの改良種の速羽性横斑プリマスロックの母と横斑シャモの父を掛け合わせた。見た目の羽の色の姿も美しく、肉質は、ほど良い歯ごたえと濃厚なうまさが特徴。専用飼料を与え約110日飼養する。出荷2週間前にはさらに県特産のガーリック粉末を与えて育てる。青森シャモロック生産者協会が生産する。

銘柄鶏

- **めぐみどり**　体重：平均2,800g。マイロを中心とした専用飼料を与えて、第一ブロイラーが生産する。一般の鶏肉と比べて、肉色はピンクで脂肪は白く見た目はさわやかであり、またビタミンＥを普通の鶏肉の5倍含む。

- **まごころ**　体重：平均2,900g。餌付けから出荷までの全飼育期間、合成抗菌剤、抗生物質未使用の飼料で育て、また、伝染病予防のワクチン以外使用していない。第一ブロイラーが生産する。飼養期間は平均52日。

たまご

- **身土不二**　「身土不二」とは「体と土は一つ」という意味で中国の書に由来する。「歩いてゆける身近な範囲に育った物を食べて暮らすのが良い」という。この考えに基づいて作った卵。使用する飼料の原料は、農場で作った有機野菜や草、飼料米、天然ミネラル。そして殻のカルシウム源は青森のホタテの殻を使う。東北牧場が生産する。

- **きみちゃんのもっこりたまご**　水と餌と鮮度保持にこだわった卵。独自の技術で水と飼料を改良して卵の波動値を高めた。今までとは一味違い、一度食べるとまた食べたくなると評判の卵。鮮度保持効果の高いシールドパックで産みたての状態で届ける。坂本養鶏が作る。

ハクチョウ（コハクチョウ）、白鳥（小白鳥）（カモ科）　1974年鳥学会によりハクチョウはコハクチョウと称される。英名は Bewick's Swan。雌雄同色、　冬鳥、全身白く、黄色い嘴の先と脚が黒い。嘴の黒い部分は、大白鳥より小白鳥のほうが大きい。昔から知られており日本書紀にも記載がある。鳴き声の真似をして " コーイ、コーイ " と呼ぶと集まってくる。青森県は多くのハクチョウが越冬のため飛来する。

汁　物

汁物と地域の食文化

　日本海、津軽海峡、太平洋の海域に囲まれた青森県は、海の幸に恵まれている。青森県の下北半島からは津軽海峡を越えて北海道の函館周辺が見えるほどの距離なので、水揚げされる魚の種類や食べ方には似たようなところがある。

　青森県は歴史的に南部地方、下北地方および津軽地方では、それぞれ独自の食文化を生み出している。北山育子氏らの研究（2005［平成17］年の日本調理科学会「ポスターセッション発表」）によると、下北地方に比べ、津軽や南部地方の魚介類の購入量は多い。調理法では津軽と南部地方は揚げ物が多く、下北地方は味噌仕立ての料理が多いという傾向がある。

　青森県の冬はマダラが美味しく、吸物や味噌漬けなどで賞味する。タラの粗で作るじゃっぱ汁は、津軽地方の郷土料理で、正月には欠かせない。とくに、漁師の奥さんたちは、マダラの粗（頭・エラ［ささめ］・アラ［中骨］・胃袋・肝臓・白子などの身肉以外のものを「じゃくるぱ」という）のぶつ切りと、ネギ・ダイコン・豆腐などを味噌仕立ての「じゃっぱ汁」を作り、家族とともに正月を迎える。

　イチゴ煮は、八戸市とその周辺の三陸海岸の贅沢な伝統料理といえよう。ウニ（キタムラサキウニ、エゾバフンウニなど）とアワビを薄く切った身肉の吸物である。塩とわずかな醤油での味付けではあるが、ウニの生殖巣の塊が野イチゴの果実のように見えるところから「イチゴ煮」の名がある。三陸海岸でしか作れない料理である。2007（平成19）年12月に農林水産省から農山漁村の郷土料理に選定された。

　旧正月を祝う七草粥のような「粥の汁」は汁物といえるかどうかは難しい。ダイコン・ジャガイモ・ニンジン・ゴボウ・シイタケ・ワラビ・ササゲ豆・焼き豆腐・凍り豆腐・油揚げなどを赤味噌仕立てて煮込んだものである。

凡例　1世帯当たりの食塩・醤油・味噌購入量の出所は、総理府発行の2012年度「家計調査」とその20年前の1992年度の「家計調査」による

南部せんべいを具にし、野菜や肉も入れた鍋物のような「せんべい汁」は、比較的新しい地域活性のために誕生した汁物である。現代栄養学の観点から考察すると、栄養のバランスのとれた料理といえる。

青森県内の里の雪が消える頃、春の山菜として芽を出すアザミの汁は、青森の春の料理として好まれている。

汁物の種類と特色

青森県沿岸は太平洋、津軽海峡、日本海で漁獲されるスルメイカ、マサバ、マグロ、サンマなどの水揚げ量が多い。ホタテ貝養殖の発祥とされる海域の陸奥湾は、ホタテ貝の養殖は盛んである。したがって、青森県の郷土料理には水産物を利用したものが多く、汁物には、主な具にタラの身肉や粗を使った味噌仕立ての「じゃっぱ汁」（弘前）、塩味仕立ての「タラじゃっぱ汁」（東津軽郡）、溜まり醤油仕立ての「きく汁」（三戸郡）などがある。

塩と醤油で味付けしたウニとアワビの澄まし汁の「いちご煮」は、青森県から岩手県の三陸地方の郷土料理としてよく知られている。ワタリガニを具にした味噌仕立ての「がんぎ汁」もある。青森県から岩手県北部の郷土料理「せんべい汁」の普及には各地で展開する物産展が大きく貢献しているが、だし汁が調味に一役買っている。「みそかす」で調味する「けの汁」、山菜のアザミノの味噌汁「あざみの汁」などがある。

食塩・醤油・味噌の特徴

❶食塩の特徴

青森県は古くから日本の北端の製塩地として知られていた。全国的には汲み上げた海水を、土釜（焼貝殻と粘土から作る）、鉄釜などで直接加熱して蒸発させて作った塩から「入浜式塩田」へと進化していった。青森県は入浜式塩田に適した海浜が少ないので、直接海水を加熱蒸発して作る方法が多かったが、現在は県内での製塩はみられない。

❷醤油の特徴

南部地方では、塩分の少ない甘味のある醤油（白醤油）が好まれている。津軽地方には、温泉熱を利用して味噌・醤油を製造している会社があり、家庭用の他に魚の加工品にも使われている。

❸味噌の特徴

　南部地方の伝統的な味噌の「玉味噌」は、大豆に米麹や麦麹を加えて仕込んだ味噌である。また、もろみに青唐辛子を入れた発酵させた「麹南蛮」「南蛮味噌」がある。津軽地方の味噌は、「津軽三年味噌」といわれ、長期間熟成させた赤色辛口味噌である。赤味噌は「じゃっぱ汁」や「貝焼き味噌」に欠かせない味噌であるが、下北地方の郷土料理の「ホタテ貝の味噌焼き」には白味噌を使っている。17世紀半ばから近江（滋賀県）や越前（福井県）の商人が、津軽地方に来ていたので、この時に、京都の白味噌が下北地方に伝わったのかもしれない。

1992年度・2012年度の食塩・醤油・味噌の購入量

▼青森市の1世帯当たり食塩・醤油・味噌購入量（1992年度・2012年度）

年度	食塩（g）	醤油（mℓ）	味噌（g）
1992	4,205	13,350	14,169
2012	5,908	7,308	7,680

▼上記の1992年度購入量に対する2012年度購入量の割合（%）

食塩	醤油	味噌
140.1	54.7	54.2

　1992年度の食塩の購入量に比べ2012年度の購入量は増加している。県民性として筋子、タラコなどの塩蔵品や野菜の漬物などの利用が多いことが考えられる。2012年度は、食塩単品でなく、醤油や味噌の食塩濃度を加味した調査では、全国で最も食塩摂取量の多い地域として注目された。県の健康に関する各機関の健康運動から2013年度の食塩摂取量は全国では2位に下がったが、それでも健康障害を考えると、食塩の摂取量はもっと減らさなければならない状況にある。

　醤油・味噌の購入量の減少は、健康のために、家庭での醤油や味噌の使用量が減少したことと関係しているが、食塩の使用量の増加は、保存食としての塩蔵品作りを減らすことができないからと思われる。水産物に恵まれた青森県は、鮮魚の保存のために食塩の購入を減らすことができない。たとえば、八戸では、漁獲量の多いスルメイカは塩辛にすることが多いので、食塩の購入は必須となっている。

　東は太平洋、西は日本海、北は津軽海峡と三方が海に囲まれ、太平洋側の八戸港には日本近海で漁獲される魚介類ばかりでなく、世界の漁場で漁獲した魚類が水揚げされる。陸奥湾では古くからホタテガイの養殖をしていた。1875（明治8）年からリンゴの栽培を始めている。十和田市、五戸町を中心として福地ホワイトというニンニクを栽培している。

主な食材

❶伝統野菜・地野菜
　福地ホワイト（ニンニクの一種）、阿房宮（食用菊）、笊石カブ、かんみじか（山芋の一種）、青森なんば（唐辛子）、山菜類（ウド、たらの芽、わらび、ふき、みず、一町田のセリ、キノコ類（さもさし、まいたけ）、毛豆（枝豆）、根曲り竹

❷主要な水産物
　クロマグロ、キチジ、スルメイカ、マサバ、ホタテガイ、ヒラメ、キタムラサキウニ、ヤマトシジミ（十三湖）、アブラツノザメ

❸食肉類
　あおもり黒毛和種（倉石牛）、あおもり短角牛、五戸の馬肉

主な汁物と材料（具材）

汁　物	野菜類	粉物、豆類	魚介類、その他
じゃっぱ汁	ダイコン、ネギ		タラの粗、イワシ、味噌仕立て
きく汁		豆腐	タラの白子（精巣）、昆布、たまり醤油
タラのじゃっぱ汁	ダイコン		タラの粗塩仕立て
イチゴ煮	ネギ、しその葉		ウニ、アワビ、醤油仕立て
がんぎ汁	ダイコン、干し菜、わけぎ	凍み豆腐	モズクガニ、味噌仕立て

いもの おづけぱっと	ジャガイモ、ネギ	ジャガイモデンプン	煮干し（だし）、澄まし汁
てこすり だんご	ダイコン	そば粉	味噌仕立て
粥の汁 （けの汁）	ダイコン、ニンジン、ゴボウ	豆腐	ごま油
せんべい汁	ゴボウ、キノコ、ネギ	南部せんべい （かやきせんべい）	味噌または塩仕立て
あざみの汁	あざみの（山菜）		味噌汁の具
にんじゃ汁		金時豆	干しダラ、根昆布、焼き干し魚、味噌仕立て
ウグイ汁	ネギ	凍み豆腐	ウグイ（ハヤ）、澄まし汁

郷土料理としての主な汁物

　青森の冬は、長く厳しい寒い日々が続く。その中で生まれた食習慣の一つが、あるだけの材料を一つの鍋に入れ、残すところなく食べるというタラのじゃっぱ汁である。「じゃっぱ」とは、「雑端」の意味、すなわちタラの粗料理である。魚介類の郷土料理には魚の粗を具にした汁物が多い。漁師とその家族たちは、経験的に魚の美味しい部位を知っていることと、釣り上げたり、網で引き揚げたりする苦労が分かっているから無駄なく大切に食べるという生活習慣から生まれた智慧の結果の料理であろう。

● **あざみの味噌汁**　北海道と同じく、春になると鮮やかな緑色となるアザミを使った「あざみの味噌汁」を、大鍋にたくさん作り大勢で食する。独特の香りと味は、これぞ山菜という味であるとの評判である。アザミは津軽地方、南部地方でとれる。春にはアザミを摘み、新鮮なアザミを大勢で食するのも近隣の人たちの楽しみの一つなのである。

● **いちご煮**　ウニとアワビを具にした高価な吸物である。ハレの食の一番吸物として作られる。もともとは、普段の吸物にアワビやウニの傷物を具にしたもので、高価な感覚はなかった。現在は、貴重な吸物になり、缶詰としても市販されている。「いちご」の由来は、汁に入れたウニの表面が、キイチゴのような粒々になるからである。

- **ケ(粥)の汁**　小正月（1月16日）の朝、仏様に供える汁である。「かえの汁」ともいう。大鍋にダイコンや野菜（山菜）を細かく刻んで入れ、味噌仕立ての汁である。「ケ」とは「粥汁」のことで、粥のように、軟らかくなるまで煮込む汁のことを意味している。4日も5日も温め直し、毎日小出しに出して食べる。小正月は「女正月」ともいい、「ケの汁」ができると、女性は家事から解放されて、里帰りや年末年始に出かけられたのである。「ケの汁」は正月の七草粥にも添えられる汁である。

- **タラのきく汁**　マダラの精巣は、「きく」ともいう。白い管のように曲がりくねった形の精巣は、花のように見え、一口大に切り、ひと煮たちさせると菊の花の形になることから、「きく汁」の名がある。タラの精巣にはたんぱく質、核酸関連物質、ビタミン、ミネラルなど人の健康に大切な栄養素を含むことから、元気の出る料理として利用されている。

- **タラのじゃっぱ汁**　マダラの最も美味しい冬に、身肉をおろした後の頭部、エラ、中落ち、内臓などの粗（「じゃっぱ」という）を、ダイコン、ネギとともに味噌仕立てで煮込んだ汁である。昔は、寒い季節に、家の中の囲炉裏を囲んで食べた料理である。じゃっぱ汁の名の由来は、①タラ1尾をまるごと浜で処理する「大雑把」の意味、②家庭で利用するタラの粗「雑端」が訛って「じゃっぱ」になったとの意味がある。

- **練りこみ**　昔、弘前禅林街の僧侶が、托鉢で集めた野菜をもとに、くず寄せの料理を作ったのが始まりの料理である。季節ごとの行事や来客時に、季節の野菜（タケノコ、クリ、ニンジン、青菜）を入れ、砂糖もたくさん入れて練り込んだ料理である。鶏肉、サケ、えんどう豆なども使った。

- **シジミ汁**　十三湖周辺の五所川原市の旧市浦村でとれるシジミは、十三湖の特産品として有名である。この地域の家庭で作られるシジミ汁は、長年受け継がれてきている。シジミのうま味を活かすために塩味をベースとし、臭みを緩和するために少しの味噌を加えるのが、この地方の作り方である。乱獲による資源の減少を防ぐために、シジミ漁の漁師は十三湖の浅瀬に稚貝を撒いて、成長したものだけを漁獲している。

- **せんべい汁**　八戸周辺で作られる、南部せんべいを煮立てた汁物や鍋物を「せんべい汁」という。南部せんべいの中でも天保焼きという軟らかいものを使う。好みにより醤油、塩、味噌味の汁にせんべいを入れて煮

る。おつゆせんべい専用の汁も販売されている。せんべい汁の誕生は、江戸時代後期に軟らかい南部せんべいが作られたことが切っ掛けで昔は、キジ、ウグイ、ウサギなど季節の動物の肉や野菜を入れて作ったといわれている。現在は鶏肉と季節の野菜を入れている。せんべい汁が定着したのは明治30年代に入ってからで、昭和40年代の郷土料理ブームにより、全国的に知られるようになった。さらに、八戸せんべい汁研究会が2006（平成18）年に八戸市でB級グルメの第一回グランプリを始めてから、より一層「せんべい汁」が有名になった。

- **ほっけのすり身汁**　ホッケのすり身（片栗粉、卵、味噌、酒を加えて混ぜ合わせたもの）を、沸騰しただし汁の中にスプーンで形をつくり落とし、しっかり熱が通ったら、ネギを加え、味噌仕立てにする。昭和20年代、食糧難の頃のたんぱく質供給源として重要な食べ物であった。

- **ウグイ汁**　ウグイの身や小骨を使った汁のこと。宇曽利湖に生息するウグイ（ハヤともいう）の身と骨をすり鉢ですってすり身とし、つみれ団子を作る。このつみれと凍み豆腐を具にした澄まし汁。刻みネギを散らす。

伝統調味料

地域の特性

▼青森市の1世帯当たりの調味料の購入量の変化

年　度	食塩（g）	醤油（ml）	味噌（g）	酢（ml）
1988	5,830	19,346	19,249	1,743
2000	2,977	9,049	11,120	2,477
2010	2,860	6,938	9,033	2,797

　青森県の名の由来については、江戸時代に弘前藩が現在の青森市に港町を建設を始めた時に、「青森」の地名が付けられたという。現在の青森市本町付近が小高い青々と茂った松の森があったことから付けられた地名であったといわれている。青森県が誕生したのは明治初年であった。県のほぼ中央に位置する奥羽山脈によって東西に二分され、日本海側は「津軽」、太平洋側は「県南」とよばれ、気候も漁獲する魚の種類も違うので、食文化にも違いがある。秋田県と青森県にまたがる標高400ｍの山上にある十和田湖は淡水魚の資源に恵まれている。

　青森県の八戸港にはスルメイカ、サンマなど太平洋を回遊する魚介類が水揚げされ、市場では新鮮な魚介類が食べられる。八戸の名物であるイカの鉄砲焼きは、唐辛子味噌を塗って焼くのが特徴である。おでんにも必ず味噌を塗って食べる。1世帯当たりの味噌の購入量は、東北地方でも多い。青森地方の味噌は、東北や越後地方と同様に塩分濃度の高い辛口の米味噌を使っている。塩分控えめの健康志向や食生活の多様化に伴い、年々食塩、醤油、味噌などの塩分を含む調味料の購入量は減少しているが、食酢の購入量は増加している。食酢で味付けする料理が普及してきていると推測できる。

　青森のB級グルメで有名なせんべい汁は、八戸周辺の郷土料理である。南部煎餅は岩手県の名産でもあるが、青森県の南部煎餅はせんべい汁の具

にすることを前提に焼き上げた煎餅で「かやき煎餅（おつゆ煎餅・鍋用煎餅）」といわれている。一般には、鶏や豚のだしの醤油ベースの汁に、この煎餅を手で割って入れ、さらにゴボウ、ネギ、キノコなども入れて煮立てたものである。調味料のことについて考察するならば、このB級グルメの料理には醤油が使われていることと、だしに魚介類系のだしでなく鶏や豚からのだし汁を使うことである。家庭によって味噌味のところも塩味のところもある。

　岩手県二戸・青森県三戸地方に伝わる郷土料理の「おっけばっと」は、そば粉を捏ねた「そばがき」のようなもので、「かっけ」「かっけ餅」ともいわれている。ダイコンの輪切りと三角に切った豆腐を薄塩で茹でたものを、鍋からとりだし、ネギ味噌をつけて食べる。

　青森県はいろいろなものに味噌をつけて食べる習慣があるようである。

知っておきたい郷土の調味料

醤油・味噌

● **青森県の醤油・味噌メーカー**　青森県醸造食品工業組合には21のメーカーが所属している。常に、青森の醤油、味噌、食酢、醤油・味噌・食酢の加工品の開発や品質改善に努力している。南津軽郡大鰐町の津軽味噌醤油㈱は明治43（1910）年創業で、日本で唯一温泉熱を利用した醤油・味噌醸造会社。三戸郡五戸町のコムラ醸造㈱は、創業100年以上の醤油・味噌メーカーで、「南蛮味噌（甘口）（辛口）」などを作っている。

● **白醤油**　塩分の少ない白醤油が南部地方では好まれている。

● **青森のだし醤油**　昆布やカツオ節のだし、陸奥湾の焼き干しのだしに、リンゴエキスを加えた「だし入り醤油」が全県に普及している。

● **南部地方の「玉味噌」**　陸奥湾の基部に位置する野辺地町は古くから港町として栄え、江戸時代中期以降は、北前船がこの港から南部藩の大豆を京阪神に運んだ地域であった。南部地方の大豆は甘味があって味噌や醤油の製造に向いているといわれ、伝統的な特産物となっている。南部地方の伝統的な味噌が「玉味噌」である。この地方では、麹の割合の少ない味噌が好まれている。この地方の味噌づくりは米麹を加えて発酵を進めるのではなく、空中に漂う少ない量の麹菌の力で発酵させるのが特

徴であった。蒸して潰した大豆を玉状にして、春先に、軒下などに吊るして発酵・熟成をさせて作る。南部地方は、塩分の少ない白味噌が好まれている。これは北前船により導入された京阪神の文化の影響によるのではないかともいわれている。

- **津軽地方の「津軽三年味噌」** 17世紀の半ばに近江や越前から津軽に渡った商人たちにより各地に麹屋が開かれ、さらに南部地方の大豆と結びつけて味噌を作ったのが、津軽の味噌蔵の起こりといわれている。津軽の長期間熟成した赤色の米味噌は、「津軽三年味噌」といわれている。長期熟成期間中の酸敗や腐敗を防ぐために塩分を13％にして3年間熟成する。この熟成中にメイラード反応が進み赤色の濃い味噌となるが、塩分は熟れ、乳酸菌の発育により独特のうま味や滑らかな食感が生まれる。マダラのアラ汁の「じゃっぱ汁」や「貝焼きの味噌」などの郷土料理には欠かせない味噌である。

- **「糀南蛮」「南蛮味噌」** 醤油を作るときにできる「もろみ」に、青唐辛子を入れて発酵させたもので、ご飯のおかず、湯豆腐・冷奴・お浸し・刺身・納豆の調味料に使われる。

- **津軽味噌** 赤色の辛口味噌で、長期熟成の味噌。

- **「スタミナ源たれ」** 青森県内の焼き肉のタレではあり、同時に万能調味料としても使えることから、ロングセラーであり、ほとんどの家庭の常備品となっている。青森産のリンゴとニンニクを生のままふんだんに使用してペースト状にして熟成させて作り上げている。フタを開けるとニンニクとショウガの香りがただよい、ピリッとした辛味はあるが野菜やリンゴの甘味と酸味がコクのある味を作り上げている。焼肉だけでなく、魚のムニエルの調味料にも使える。

- **手作りつゆ** 野坂味噌醤油店の製品で、カツオ節・サバ節・煮干し・昆布から調製した「だし」を用いた「万能つゆ」である。煮干しは頭と内臓を除き、昆布は日高昆布を使用している。

食酢

- **リンゴ酢** 津軽の風土と醸造技術が生み出したものである。とくに、地元では「カネショウりんご酢」が人気の一つである。11月末から12月初旬に、リンゴをすり下ろし、津軽の寒さの中で100日かけて酢の発酵・

熟成を行う。蜂蜜を加えたものなどもある。

郷土料理と調味料

- **イカの鉄砲焼き**　イカの内臓を除いた腹部に、刻んだ足・肝臓・ネギ・味噌を混ぜ合わせたものを詰め、入り口を糸で結び、直火か天火で焼く。
- **カスベのとも和え**　カスベはエイのこと。①カスベの身肉を茹でて身肉をほぐすか、適当な大きさに短冊切りする。②カスベのカマド（内臓）を茹でて磨り潰し、みりん・砂糖・練からしで調味し、これに茹でて磨り潰した豆もやしを添えておく。①と②を混ぜてとも和えとしたもの。
- **じゃっぱ汁**　ざっぱ汁・じゃば汁ともいう。タラの頭、その他の身肉以外のアラを大鍋で、赤味噌と酒粕で調味した津軽地方に伝わる鍋料理。山形・庄内地方ではドンガラ汁という。
- **「そばかっけ」とみそだれ**　青森県の「そばかっけ」は、秋の新そば粉に水を加えて練って生地をつくり、生地を伸ばし三角形に切りそろえて、ダイコンや豆腐とともに鍋で茹でてからネギ味噌、ニンニク味噌で食べる青森県の南部地方と岩手県の県北地方に伝わる秋から冬に食される郷土の鍋料理である。かつては、青森の粉食文化を発展させた郷土料理である。

青森県のスーパーの掘り出し逸品

- **大黒印塩麴**　明治11（1878）年創業の頃から麴を販売し、塩麴がブームになる前から少しずつ塩麴も販売していた（佐国屋）。
- **みそチャップ**　味噌にすり下ろしたショウガを混ぜたもの。野菜や豆腐にのせて食べる。
- **焼き鳥のたれ**　焼肉のタレは各地にあり、大手食品会社でも製造・販売しているが、焼き鳥に限ったタレが面白い。販売量は家庭用でも焼き鳥100本分なので多すぎるように思える。青森の人たちは焼き鳥が好物なので生まれた商品かもしれない。
- **黒石やきそばとラーメン**　「八戸せんべい汁」と並んで青森県の代表的B級グルメ大会でお目見えする町おこしに登場する焼きそば。焼きうどん状の焼きそばに特性のソースを使う。ラーメンの麺つゆには青森県が作り出したシャモロックという鶏のだしを使ったもの、十三湖のしじみのだしを使ったものなど、青森県の特産品を生かしたものがある。

● **八戸せんべい汁**　せんべい汁のセットや即席カップ入りなどで販売されている。せんべい汁の味付けは塩味、醤油味のものがある。煎餅は昔はそば粉で作っていたが、今は南部煎餅と同じ系統の小麦粉を使用した塩味で、ゴマがちらしてある。せんべい汁の煎餅に「バター煎餅」「南部煎餅の天ぷら」を使ったものも登場している。

● **食べる調味料**　ご飯の惣菜に漬物コーナーでは、「元祖コムラのなんばんみそ」（トウガラシ・ダイコン・ニンジン・キュウリ・シソの実・青トウガラシをもろみに漬け込んだもの）、「つるが漬け」（数の子・ダイコン・昆布・スルメなどの醤油漬け）、弥三郎漬（昆布など子どもの喜ぶつるが味の醤油漬け）、「じょんがら昆布」（青森・北海道産の昆布を刻んで、調味醤油に漬け込んだもの）、「つる太郎」（数の子・米麹・昆布の醤油漬け）、「ねぶた漬け」「ミニねぶた漬け」（数の子・昆布・スルメ・ダイコンを入れた醤油漬け）などがある。

発　酵

シードル

◆地域の特色

　東北地方の最北部にあり、東は太平洋、西は日本海、北は津軽海峡に面する。秋田県にまたがる世界遺産白神山地のほか、十和田湖をはじめ八甲田山、岩木山、下北半島の仏ヶ浦などの自然が数多く残されている。中央部には奥羽山脈があり、西側の津軽地方と東側の南部地方では異なる歴史や気候、文化、風土をもつ。

　全国有数の農業産出県であり、食料自給率はカロリーベースで約118%で、北海道や岩手県、秋田県、山形県などとともに自給率100%を超える数少ない県の一つである。リンゴ生産は日本一であり、日本産リンゴの約半数が青森県産である。品種はふじが有名であるが、育成地である藤崎町の「ふじ」から名付けられた。栽培は弘前市を中心とする津軽地方で盛んである。その他、ニンニク（十和田市）、長芋（三沢市）、カシス（青森市）などの生産も日本一である。野菜生産額全体では、東北で1位である。漁業においても全国有数の水揚高である八戸漁港があり、サバ、イカが国内一の水揚げで、全国に出荷されている。

　県内では縄文時代の遺跡が数多く出土し、三内丸山遺跡（青森市）や二ツ森貝塚（上北郡）、是川遺跡（八戸市）などで住居跡や土器および土偶が発見されている。

◆発酵の歴史と文化

　寒い冬が長く続く青森県では、冬の間長期間食糧を保存するために漬物などの発酵食品が発達した。さまざまな漬物のなかでも、「お米の漬物」ともいわれる「すしこ」は津軽地方でのみ作られているもので、キュウリやミョウガなどの少量の野菜を、蒸したもち米と混ぜ合わせ乳酸発酵させた漬物である。シソの赤さで鮮やかに色付けられた「すしこ」を白いご飯にのせて食べる。

青森県は、平均寿命の順位が低いことから「短命県」と呼ばれることがある。原因としては過度の塩分摂取や喫煙、飲酒、野菜、運動不足などが指摘されている。2016（平成28）年度県民健康・栄養調査の結果、青森県の成人の食塩摂取量の平均値は10.5ｇと、全国平均を大幅に超えている。

　食文化の観点から考えると、塩漬けなどの発酵食品も関与している可能性も指摘されている。「すしこ」の存在はたしかに、食塩摂取と野菜不足になりそうである。発酵食品の発達している長野県や滋賀県が健康長寿県として知られているので、青森県が早く「短命県」といわれないようになることが期待される。

◆主な発酵食品

醤油　南部地方と津軽地方、それぞれの独自の食文化があり、南部地方では、塩分が少なく甘みのある醤油が好まれる。これは、北前船で伝わった食文化の影響といわれている。

　ワダカン（十和田市）、津軽味噌醤油（南津軽郡）、斎藤醤油醸造元（南津軽郡）、宝屋醤油店（上北郡）などで造られている。

味噌　津軽味噌は、大豆と米麹を使った米味噌であり、赤色の中辛味噌である。寒冷な気候から、津軽三年味噌とも呼ばれるように熟成には長期間かけ、塩分濃度は13％と高めである。長期間の熟成によって、独特の旨みをもつ。じゃっぱ汁や貝焼き味噌などの郷土料理には欠かせない。南部の伝統的な味噌に「玉味噌」がある。蒸して潰した大豆を玉状にして、春先、軒先などに吊るして発酵させる豆味噌である。こうした伝統から、今でもこの地域では麹の割合の少ない味噌が好まれている。

　かねさ（青森市）、ワダカン（青森市）、津軽味噌醤油（大鰐町）、加藤味噌醤油醸造元（弘前市）、加藤こうじ店（東津軽郡）などでさまざまな味噌が造られている。

日本酒　青森県は、67％を森林が占める自然に恵まれた地で、十和田湖をはじめ八甲田山、岩木山、世界遺産白神山地などブナ原生林の養水や雪解氷が豊富であり、酒造好適米「華吹雪」「華想い」などが栽培され、冬季には澄み切った空気と厳しい寒気により酒造りには適した土地である。酒造りの歴史も古く津軽藩時代からの酒蔵も存在する。

　1775（安永4）年創業の八戸酒造（八戸市）のほか、鳩正宗（十和田市）、

八戸酒類（八戸市）、桃川（上北郡）、西田酒造店（青森市）、三浦酒造（弘前市）など18の蔵がある。

焼酎 特産品の長芋を使った焼酎を造る六ヶ所地域振興開発（上北郡）などがある。

シードル リンゴを原料とした発酵させた発泡性果実酒である。青森シードルの定番はニッカウヰスキー弘前工場（弘前市）で、1960（昭和35）年から造り続けられている。その他、エーファクトリー（青森市）、弘前シードル工房（弘前市）などで、さまざまなリンゴを原料として造られている。

リンゴ酢 津軽の新鮮なリンゴを白神山地で分離された「白神酵母」で発酵させ、静置発酵で醸造した酢が造られている。

すまし 醤油が一般家庭に普及する以前に醤油の代用として、八戸市の山あいに位置する南郷などで野菜のおひたしやそば、煮しめなどの味付けに用いられてきた。手造りした味噌を湯で煮溶かし濾した液体である。

ごど 十和田地方の家庭で作られている、納豆に麴を混ぜ、さらに乳酸発酵をさせたものである。まず、煮た大豆をわらで包み保温して納豆を作り、少量の塩と麴を混ぜ室温で1週間ほど発酵させる。同じものが山形県の置賜地方にもあり、「ごど」または「雪割り納豆」という。

ニシン漬け ニシンとダイコンを鷹の爪と塩で味付けをした漬物である。タカナを加えることもある。

一升漬け 醪（もろみ）に青なんばん（アオトウガラシ）を入れて発酵させたもので、弘前市などで作られる。アオトウガラシ、麴、醤油をそれぞれ、1升ずつの分量で漬け込む。麴南蛮（こうじなんばん）と呼ばれることもある。ご飯にのせて食べるほか、湯豆腐、冷奴、おひたし、もろきゅうなどにも合う。

黒にんにく 国内生産量の約7割を占める青森県のニンニクを一定の温度と湿度の環境のもとで、数週間熟成発酵させて作られる。発酵により甘みが増し、ドライフルーツのような食感となる。

サケとタケノコの飯（い）ずし ご飯と魚、野菜、麴を混ぜて、重石をのせて漬け込み、乳酸発酵させて作る「なれずし」の一種である。大勢の客人をもてなす際の料理としては、タケノコ（根曲がり竹）も一緒に漬け込んで、樽の中にベニザケの紅色とタケノコやご飯

の白色がきれいな飯ずしにする。正月料理として作られていた。

と漬け　北津軽で作られる、キュウリ、ダイコン、ミョウガ、シソの実が入った漬物である。「と」とは、津軽弁でシソの「実」のこと。

すしこ　全国的にも珍しい「ごはんの漬物」で、蒸したもち米に、浅漬けした赤ジソ、キュウリやキャベツを入れ、乳酸発酵させて作られる。米どころである津軽地方の西北地域に伝わる郷土食である。

カシス漬け　全国生産量1位を誇るカシスを使ったコカブや山芋の漬物が作られている。カシスの色と酸味が特徴である。

シソ巻きの梅漬け、シソ巻き梅漬け　ウメを粗塩と梅酢で漬け込み、脱塩せず種を取った果肉を梅酢漬けした赤ジソを巻いて、さらに半年以上寝かせる。

◆発酵食品を使った郷土料理など

じゃっぱ汁　津軽地方の郷土料理である。「じゃっぱ」とは「雑把」の意味であり、魚の頭や内臓、身の付いた骨などの「粗（あら）」を指す。「じゃっぱ」をネギとダイコンなどとともに津軽味噌を加えて煮込んだあら汁である。

せんべい汁　八戸市周辺の郷土料理で、南部煎餅の中でも専用に焼き上げた「かやき煎餅」を使用する。これを手で割ったものを、醤油や味噌ベースの鶏肉や豚肉のだしでゴボウ、キノコ、ネギなどの具材とともに煮立てる。

馬肉鍋　南部地方は昔から良馬の産地で、各地に馬肉を使った料理がある。馬肉鍋はその代表的なもので、南部独特の豆味噌を使うと馬肉の臭みを消してくれる。

アンコウ鍋　茨城県や福島県では鮟肝を潰して炒めるが、青森県では肝をそのまま鍋に入れる。豆味噌特有のにおいで魚の臭みが消える。

メカブ汁　メカブは生長したワカメの茎の下にできるヒダ状になった部分のことである。南部地方では湯がいて鮮やかな緑色になったメカブを味噌汁に入れて食べる。

納豆汁　南部地方の郷土料理である。湯通しした後ミキサーにかけ細かくした納豆を、だし汁に入れて煮、ニンジン、サツマイモ、豆

腐をさいの目に切って、味噌を入れる。

どんこ汁　　　三陸地方で漁獲されるドンコを、塩をして洗った後ぶつ切りにしてダイコンやゴボウと一緒に鍋に入れ、煮えたら豆味噌を溶き、ぶつ切りのネギ、肝を入れる。三陸地方の郷土料理である。

貝焼き味噌（かやみそ）　　　津軽地方や下北地方のホタテガイの貝殻を鍋の代わりとした郷土料理である。鰹節やネギ、ホタテの身を貝殻に入れて味噌で煮込み、卵でとじる。

氷頭膾（ひずなます）　　　サケの氷頭（鼻先の軟骨部分）を酢締めにした膾の一種で、正月の祝い膳によく用いられる。生あるいは新巻鮭の頭部を薄切りにし、塩をして酢につけてしばらく置いた後、酢、砂糖、塩を合わせた調味料で和える。千切りにしたユズの皮やイクラなどがのせられる。

ショウガ味噌おでん　　　青森市を中心としたおでん料理である。おろしたショウガを加えた味噌ダレにつけて食べる。終戦後、青函連絡船の乗客の体が温まるようにと出されたおでんの食べ方から始まったとされる。

いももちのじゅねあえ　　　ジャガイモを使って「いももち」を作り、「じゅね」（エゴマ）で作る味噌やごまで和えたものである。津軽半島の沿岸部で昔から日常食として食べられていた。

イギリストースト　　　1966（昭和41）年から工藤パン（青森市）で製造されている、食パンにマーガリンとグラニュー糖が塗られたものをサンドしたというシンプルなパンである。

◆発酵関連の博物館・美術館

弘前れんが倉庫美術館（弘前市）　　　明治時代、大正時代に建設され、リンゴを原料とするシードルを日本で初めて大々的に生産したとされる「吉野町煉瓦倉庫」を改修し、2020（令和2）年に開館した美術館である。

◆発酵関連の研究をしている大学・研究所

弘前大学農学生命科学部分子生命科学科　　　醸造に関連した微生物の糖質分解酵素の研究が行われている。

コラム　麹菌は国菌

　日本を代表する花、国花はサクラである。日本を代表するほかの生物としては、国鳥はキジ、国蝶はオオムラサキなどがある。東北大学名誉教授の一島英治博士は、「微生物の世界で日本を代表するものは何であろうか。日本のミクロの世界の代表的な微生物は、麹菌であると思う」「麹菌は日本酒、醤油、味噌、みりん、米酢などの日本の伝統的発酵食品の製造に欠かすことができないばかりか、日本の人々のものの見方、考え方、そして日本の社会に大きな影響を与えてきた微生物である」と述べている。2006（平成18）年、日本醸造学会大会において、一島博士が基調講演をされた後、「麹菌は日本を代表する微生物、国菌である」と認定された。

　欧米をはじめとして世界の国々で、国花や国鳥が定められているが、国を代表する微生物、国菌を定めているのは、世界でも進んだ発酵文化をもつ日本だけである。

くじら餅

地域の特性

　本州最北端に位置し、津軽海峡を隔て北海道があり、東北地方に属している。西は日本海、東は太平洋に面し県の中央部に奥羽山脈がある。日本海側の津軽地方は雪が多く、太平洋側の南部地方は雪こそ少ないが、夏の偏東風（やませ）は「凶作風（きょうさくかぜ）」と恐れられてきた。

　津軽地方は稲作地帯で、江戸期には北前船の寄港地・鯵ヶ沢（あじがさわ）や深浦は、弘前藩の御用港として米や木材が上方に積出され、上方文化が運ばれてきた。南部地方には八戸藩、盛岡藩があり、この地方は畑作地帯で、南部駒の産地であった。

　津軽地方と南部地方は、気候だけでなく歴史や文化も異なりお菓子の面でも津軽地方に伝わる鯨餅は、北前船と深く関係があった。一方「けいらん」という格式高いスイーツは、旧南部藩領に伝わり、行事などの特別なの日の食べ物として現在も作られている。

地域の歴史・文化とお菓子

北前船が運んだ「上方の菓子」

① 『南蛮料理書』に載るくじら餅

　鯵ヶ沢や浅虫のお土産品として知られる鯨餅だが、菓子の歴史はなかなか奥深い（注：浅虫の鯨餅は鯵ヶ沢から伝わったもの）。

　このくじら餅は江戸時代前期頃より人気高い菓子で、製法書にもよく登場する。最も古いのは『南蛮料理書』の菓子の部にあるくじら餅で、「かすていら」「かるめいら」「金平糖」「有平糖」などとともに記されている。この料理書の出版年代は不明だが室町時代後期とされる。製法をみると「米の粉とモチ米の粉を合わせて捏ね、半分を黄色（梔子（くちなし）で染める）、半分を白の２段に重ね、その上に寄せ小豆に黒砂糖、鍋墨、葛粉の３種を混ぜて

捏ねた物をのせて蒸す」とあり、白、黄、黒のカラフルな餅である。白は鯨の脂肪層で、黒い表皮を鍋墨と小豆で表していた。黄色は不明だが、禁裏御用菓子司「虎屋」の江戸前期1651（慶安4）年の「御菓子覚帳」に「くじら餅」とあり、絵図帳には上層部の黒い表皮に黄色と白の丸い目玉が2つのっている。

②京菓子だったくじら餅

　1682（天和2）年に、現在の滋賀県内を通過する、朝鮮通信使一行の歓迎料理の献立の中に「くじら餅」がある。次いで江戸中期の1693（元禄6）年の『男重宝記』（若者心得集）には、くじら餅の絵図があり「上ようかん　下こねもの」とあり（当時の羊羹は蒸し羊羹）2層になっていた。さらに1718（享保3）年に京都で出版された『御前菓子秘伝抄』には「うるち米、もち米の粉に氷砂糖の粉を加えて湯で練り、羊羹を蒸すように箱に約4、5cmの厚さに伸し、その上に黒みとして餡と葛粉を混ぜて厚さ1、2cmに伸して重ね、蒸籠で蒸して……」とある。

③「くじら餅」の伝播

　さらに興味深いのは、先祖が元豊臣家の家臣だった弘前の菓子司大阪屋（創業は1630〈寛永7〉年）は津軽藩御用達で、藩主に納めたお菓子を記した「御菓子御本當帳」（1766〈明和3〉年）に、「鯨餅」「江戸鯨餅」の名がある。どのような菓子かはわからないが、津軽にはすでに「鯨餅」があったようだ。

　藩政時代、津軽藩の砂糖を取り仕切っていたのは前述の「大阪屋」で、その砂糖は鰺ヶ沢の港で陸揚げされていた。津軽のくじら餅は北前船で運ばれて来たものか、先祖が豊臣方の落ち武者だった「大阪屋」が、自ら上方より伝えたものか。それは不明だが、現在鰺ヶ沢のくじら餅の製法は、うるち米ともち米の粉、砂糖と小豆を混ぜて蒸した小豆色1色で作られている。筆者の調査によると昭和初期頃まで鰺ヶ沢のくじら餅は「小豆色と白い餅の2層になっていた」といわれ、2層にすると分離しやすかったと、職人さんが語っていた。そうであれば、前述の京菓子のくじら餅の手法が伝わったものと思われる。

④「くじら餅」の2タイプ

　今日伝わるくじら餅は、山形、金沢、広島、大阪、宮崎等にあり2系統がある。鰺ヶ沢の物をA「蒸し餅タイプ」とすると山形、宮崎が入り、B

は寒天・道明寺・昆布（焼いた粉末）を使った「羊羹タイプ・鯨羹」で金沢、大阪、広島のものがある。寒天使用の羊羹の普及は後世なので、Ｂタイプのくじら餅はＡよりも遅れて作られたことになる。

　北前船の寄港地・鯵ヶ沢を訪ねると、江戸中期には12軒もの廻船問屋があって賑わったという。鯵ヶ沢港が見渡せる白八幡宮に行くと、諸国の廻船問屋が奉納した玉垣や御神燈、狛犬などがあり、奉納者や寄進者の名も大坂、加賀、越前、塩飽（瀬戸内の諸島）と広範囲で、人々の交流と当時の繁栄ぶりが偲ばれた。

⑤浪花煎餅と津軽のかりん糖

　鯵ヶ沢のもう１つの名物浪花煎餅は、糖蜜を刷毛引きした麩焼き煎餅で、大阪から来た伊東屋が始めたので「イト煎餅」とよばれた。

　当時鯵ヶ沢の砂糖は前述の「大阪屋」が仕切っており、伊東屋はその下で積み荷の砂糖の特権が与えられていた。そのため貴重な砂糖をたっぷり使った、浪花煎餅は贅沢な煎餅だったといわれる。

　津軽のかりん糖は、関東の黒砂糖で包んだやわらかなものと少し違う。関西風に砂糖を生地に練り込んで油で揚げ、形態も板状や縄状で食感が硬い。関西ではかりん糖を「オランダ」というが、前述した『南蛮料理書』に「こくすらん」とあるのはかりん糖のようで、津軽にはくじら餅といい、南蛮渡来の菓子が今も健在である。

行事とお菓子

①下北・東通村の彼岸団子

　春彼岸には餅を搗いて供えるが、送り彼岸には、赤いえら粉（赤く染めた粗挽きのもち米）を塗った日の丸のような団子を作る。この団子はうるち米ともち米の粉を混ぜて捏ね、餡を包んで茹で、上面にえら粉を丸くたっぷりと塗る。この地方では仏様が、あの世で送り団子の大きさを比べるので、負けないように大きく作るという。同様の餅を秋田県下で雛祭りに作られる。

②東通村・雛祭りの「鬼の舌」

　「鬼の舌」は、のし餅を菱形に切ると「鬼の舌」にみえるからといい、餡を入れて三角に切った物は「角っこ」。菱餅を「鬼の舌餅」とよぶ地方は、津軽海峡を渡った道南や秋田県の横手盆地、さらには広島県下でもよばれ

ている。

③端午の節供のべこ餅

　もち粉に白砂糖と黒砂糖を入れ、別々に捏ね、蒲鉾型に成形するとき白と黒で色分けして模様をつくる。切り分けると白と黒の柄の餅が出来る。最近は花柄など模様も多彩で下北地方の人気菓子。べこはウシで、ウシのように元気な子供にとの意もある。

④迎え盆のところてん

　ところてんは天草を煮詰めて流し固めた物で、「鏡てん」ともよばれ仏様が「鏡てん」で居住まいを正すそうだ。盆の13日に供え、これを食べると暑くてもあまり汗をかかないとされる。

⑤送り盆のきんか餅と背中あて

　きんか餅は南部地方で「ひゅうず」ともいい、送り盆のお供え。小麦粉で作った半円形の餅の中に黒砂糖、クルミ、ゴマが入る。仏様が帰る時この餅を背負い、背中が痛くないように作るのが「背中あて」で、小麦粉製の帯状の食べ物。

⑥秋仕舞いのけいらん

　かつての東通村地方では、秋の収穫が終わると若者たちが集まり酒盛りをし、その1番のご馳走が「けいらん」。米粉の餅を鶏卵の形に丸め、中に餡を入れて茹で、それを澄まし汁でいただくというもの。室町時代の精進料理の「鶏卵羹」で、羹はアツモノで、熱い汁ということ。お祝いや法事等で食べる格式高い食べ物である。

⑦お祝いの赤飯煎餅

　南部地方の赤飯は、砂糖が入って甘く出来ている。この赤飯を南部煎餅で挟み、サンドイッチのようにする。お祝い事には隣近所に配る。最近はおやつとしても食べられている。

知っておきたい郷土のお菓子

● 冬夏（弘前市）　創業江戸前期の大阪屋の銘菓。祖先は豊臣方の武士で大坂夏の陣で敗れ、落ち延びて弘前藩の御用菓子司となる。大坂冬・夏の陣を忘れぬため「冬夏」と名付けられ、和三盆で包んだ軽焼風の菓子で、御留菓子だったが近年市販された。他に「竹流し」がある。

● 干乃梅（弘前市）　津軽の梅干しは「紫蘇包み」といって種がない。そ

れを菓子にしたもので漉し餡を薄い求肥でくるみ、さらに塩漬けの紫蘇で包んで砂糖を振りかける。弘前の開運堂の銘菓。

- **塔下煎餅**（弘前市）　最勝院の五重塔の下にある店の煎餅。店内に今は珍しい地炉があり、炭火を使って昔ながらの手焼きの津軽煎餅（南部煎餅）や生姜煎餅が焼かれている。

- **津軽当物駄菓子**（弘前市）　当物はくじで景品を当てることで、「大王くじ」は練り切りの牡丹の花菓子が貰える。サイズが大中小とあり閻魔大王を引くと大がもらえた。他に「いもくじ」「糸引き」等がある。

- **氷餅**（県下一帯）　干し餅ともよぶ。大豆や胡麻を加え搗いた餅を蒲鉾型に作り、薄く切って藁で括って寒気にさらす。限りなく素朴な東北の餅。

- **あじゃら餅**（大鰐町）　大鰐温泉の土産菓子。餅生地に胡桃、あられ、砂糖を加えたやわらかな餅で、表面に自家調合の砂糖がまぶされている。

- **八戸煎餅**（八戸市）　南部煎餅ともよばれ、小麦粉を水で練り円形の型で焼いたもの。薄くカリっとした「ミミ」に特徴があり胡麻や胡桃を加える。

- **駒饅頭**（七戸町）　馬の産地七戸町の名物饅頭。地元の清酒や長芋を使った酒饅頭で、白駒（漉し餡）黒駒（白餡）とあり駒の焼き印が愛らしい。

- **豆しとぎ**（三八上北と岩手北部の郷土菓子）　しとぎは神様の供え物で、白米を浸水後水切りして臼で搗いた餅。おやつ用には、茹でた青大豆を加えると甘味が付き美味しくなる。

乾物 / 干物

黒にんにく

地域特性

　青森県は本州の最北部に位置し、日本海、津軽海峡、太平洋に面している。津軽海峡に面する陸奥湾は対馬海流（暖流）の通り道になっているため、プランクトンの繁殖や小魚など海の幸が豊富で、大間漁港の高級まぐろなどが有名である。また一方、岩木山の山麓に広がる津軽平野は、リンゴの生産量が日本一を誇り、黒ニンニクやナガイモなどの農作物の生産が多い。青森市のねぶた、桜で有名な弘前市のねぷたなどの伝統行事がある。たちねぷたの五所川原市、太平洋側の八戸市、三沢市、通じて下北半島、八甲田山麓、十和田湖周辺では肉牛の飼育が盛んでもある。また、奥入瀬をはじめとする地域は山の幸に多く恵まれ、四季を通して山菜の宝庫でもある。

知っておきたい乾物 / 干物とその加工品

焼き干し　青森県陸奥湾産としては、脇野沢産や平館産などが名高い。津軽海峡から陸奥湾に入り込む秋の「いわし」を1つずつ手仕事で丁寧に頭を取り、はらわたを除き、串に刺して炭火でじっくりと焼き上げて乾燥することで、魚全体に火が通るため、脂分を流し出し、さらに独特の香ばしい香り付けとなる。煮干しに使われる小魚のうま味を究極まで引き出す独特な製法である。煮干しより臭みがなく、上品なだしが取れる。

さけ冬葉（とば）　世界遺産白神山地の麓にある深浦町は漁業が盛んな街である。この大自然に恵まれた深浦町で捕れた鮭を日本海の寒風で干してでき上がるさけ冬葉は絶品である。煮物や珍味として食べる。

清水森ナンバ（きよみずもり）　清水森ナンバはその昔、津軽藩の津軽為信が京都から持ち帰ったという。400年以上の歴史を誇る唐辛子。ナンバは南蛮に由来し、津軽在来野菜として、ふくよかな甘みを含んだ、

まろやかな甘みと風味のよさが特徴である。大ぶりで形の大きくはった、万願寺唐辛子に似ている。辛口ではなく、むしろ甘口系で糖分が多く、ビタミンA、C、Eを豊富に含んでいる。乾燥品、瓶詰などが市販されている。

黒にんにく

青森県は、日本一の黒ニンニク生産量を誇る。「熟成発酵」させて乾燥した黒にんにくは、ニンニク特有の「スコルジン」や「アリシン」を、そのまま残しているため、栄養とフルーツのような甘さの食感が評価されている。

八戸産すき昆布

三陸八戸産の上質昆布を原料に、昆布を糸状に細く刻み、湯通しして乾燥した二次加工品である。

大間産ツルアラメ

コンブやワカメなど褐色の海藻の一種であるツルアラメを刻み、乾燥したものである。ツルアラメに含まれるコキサンチンは、昆布の5倍以上で、身体の脂肪を燃焼させる働きがある。

八甲田蕎麦、津軽蕎麦

津軽地方では、蕎麦粉に生大豆の粉を少しずつ振り入れる。また、黒い甘皮も多く練り込んでいる。そのほか、津軽リンゴ蕎麦、ヤーコン芋をつなぎとして用いるヤーコン蕎麦などがある。

食用干し菊

食用キクの花の部分を蒸して乾燥した製品。青森県では「阿房宮」という品種が生産されている。干し菊は山形県産「もってのほか」のほか、福島県、新潟県など、東北・北陸地方でも栽培されている。青森県で多く市場に出ている「阿房宮」の名は、中国秦の始皇帝が長安北西域に建立した宮殿の名からとったものである。

観賞用の「黄金珠」から生まれた品種で、江戸時代に南部（現在の青森県南部町）藩主が、京都の九条家の庭に咲いている阿房宮を株分けし、藩内に植えたのが青森県での栽培の始まりだといわれている。南部町では、10月中旬から霜の降りる11月中旬にかけて満開となる黄色の花びらを収穫する。冷涼地で生産されたものは、特有の芳香、甘味、色彩が優れている。

＜製造方法＞
① キクの花を畑から刈り取る。

② 花びらをむしり、せいろの型にならす。

③ ほぼ100℃の蒸気で蒸す。

④ 乾燥室に入れて、約18時間をかけて乾燥する。

　食用菊はアルカリ性のためコレステロールを除去するなど血液の流れを
よくする働きがある。また、高血圧予防に効果があるといわれるカリウム
も含んでいる。12月から春の彼岸ごろまでが食べごろだが、気温が高く
なると変色したり、虫がついたりするので、乾燥した場所で保存する。サ
ッと湯がくだけで鮮やかな彩りと味わいが得られるため、酢の物や大根な
ますの「菊菜ます」、刺身のつまなどとして好まれる。

菜種　　　下北半島の玄関口横浜町では、毎年5月になると、黄色いじゅ
うたんを敷いたような菜の花畑を見ることができる。菜の花は可
憐な花で人々を楽しませてくれた後、菜種油になる。そのまま立ち枯れさ
せて、7月中旬に手刈りし、さやから取り出した菜種を天日干ししたもの
が菜種油の原料となる。

＜製造方法＞

① 夏から秋にかけて天日干しした非焙煎の菜種を搾油機に入れて圧縮す
　る。

② 時間をかけてじっくりと自然濾過する。

③ 少し緑がかった一番搾りから雑味や搾りかすを濾過（ろか）する。

青森県産大豆「おおすず」　　　東北地方の中北部向け推奨品種では初
めての大粒白目となる「おおすず」の新
品種で、大豆農林109号が改良型として認定された。「おおすず」は、大
きなさやに鈴なりになることから命名され、粒の大きさや外観が北海道の
「つるの子」大豆に似ている。大粒のため煮豆にしたときに見た目がよく、
柔らかさ、風味、味共にこれまでの東北品種より優れている。特徴は、多
収で、成熟が遅い「オクシロメ」に比べて5日早い中早生だという点にあ
る。また、茎の長さが20cmほど短く倒伏しにくいので、機械効率がよい。

特大するめ　　　青森県八戸産スルメイカは、こりこりとしていて肉厚で、
その新鮮さと甘さは格別である。特大するめは、スルメ
イカの内臓を取り除き、天日干し乾燥させたもので、昔からするめは「花嫁
が永くその家に留まっていられるように」という願いから、縁起ものとし
て、結婚の結納の一品に使われている。

ほっけの一夜干し 　八戸漁港で水揚げされた津軽産赤ホッケの干物は、真鯖、ツボ鯛の干物と並んでおいしさは格別で、人気が高い。

日干しの水たこ 　下北半島の佐井漁港では、水タコを旗のように吊るし、乾燥させる。味と風味、食感が最高に受けている。

青森産ホタテ 　下北半島ではホタテの養殖が行われている。風味がよく、歯ごたえも、うま味も非常にすぐれた品である。また、中華料理の食材としても、その高い品質が評価されている。

抄き昆布 　生昆布を細く切り、海苔状にして乾燥した製品である。

ハトムギ中里在来 　ハトムギはイネ科の1年草である。日本には江戸時代に中国から伝わり、薬用として栽培されるようになった。青森県中泊町にある福浦営農組合で栽培している中里在来ハトムギは、白い大きな粒で、タンパク質は米の2倍、ビタミンB_1、カルシウム、鉄が充実しており、タンパク質を作っているアミノ酸はほかの穀物と比べても良質なものを含んでいる。ハトムギの含有成分から、リウマチ、利尿、消炎、鎮痛への作用として、漢方としての利用度も高い。

白丸麦 　白丸麦は頭にとんがり帽子をかぶったような形で、片面に黒い縦溝があるのが特徴である。アミノ酸（リジン）不足を補う。ビタミンB_1、B_2、カルシウムを豊富に含み、疲労回復や精神安定など多くの効果がある。

Ⅲ

営みの文化編

伝統行事

青森ねぶた祭

地域の特性

　青森県は、南以外の三方を海に囲まれ、県域は、奥羽山脈によって東西に分けられる。東部には三本木原台地が広がり、西部には肥沃な津軽平野や青森平野が開けている。また、東部からは北に向かって斧状に下北半島がのびている。

　本州の最北端に位置する青森県は、古くは文字どおり「陸奥の国」であった。大和の勢力がもっとも遅れて入った土地であり、アイヌ民族が最後まで残った土地といわれる。戦国時代の青森県は、大浦為信（のちに津軽氏と改姓）が津軽地方を制したのに対し、東部は南部氏の支配下にあった。江戸時代、南部藩は、馬の繁殖に力を入れ、三本木原台地の畑作と牧畜業が発達。一方の津軽藩では、新田開発や津軽塗に用いられる特産ヒバの造林が進められ、明治以降は、りんごの栽培もはじまった。以来、青森県のリンゴ栽培と出荷量は日本一を誇っている。

　対立するものではないが、人びとの気質も津軽と南部では違いがある。それは、地域ごとに気候の差が大きく、それぞれに特色ある生活文化を生み出しているのである。

行事・祭礼と芸能の特色

　津軽地方と南部地方の文化的な違いは、江戸時代の藩制（津軽氏支配と南部氏支配）にさかのぼっていわれることが多い。が、それ以前にまでさかのぼって位置づけられる民俗行事でも違いが生じている。たとえば、登拝行事がそうである。津軽での岩木山への登拝と南部での名久井岳（出羽三山の月山神社を祀る）への登拝が代表的であり、両方とも国の重要無形民俗文化財にも指定されている。前者は、農耕儀礼としての色彩が強く、集落の古老を先達として夏に集団登拝をする。これについては、以下に項目としてもとりあげた。

120

一方の名久井岳への登拝行事は、三戸町の泉山集落を中心に行なわれるもので、「泉山の登拝行事」として文化財登録がなされている。別に「七歳初参り」といわれるように、父母や村人たちと7歳（9歳まで可）の男子が登拝する通過儀礼である。人生の節目に名山・霊山に登拝する習慣は、かつては全国各地に分布をみたが、現在では形骸化したところが多い。

　日本列島には、古くから霊山信仰の歴史が根づいており、そこでの伝統行事は、一方では山の神を田の神として招き豊作祈願をする意味を伝え、もう一方では人生の節目ごとに山頂に集く祖霊への報告参りの意味を伝えてきた。それが、くしくも津軽と南部に分かれて顕著に伝承されているのである。

　なお、青森県下の伝統芸能としては、青森のねぶた（青森市）、弘前のねぷた（弘前市）、津軽神楽（弘前市）、下北の能舞（むつ市ほか）、田子神楽（田子町）、八戸のえんぶり（八戸市ほか）、南部の駒踊（十和田市）などがある。

主な行事・祭礼・芸能

八戸えんぶり

2月17日から20日まで（もとは正月15日）、八戸市周辺で行なわれる農作の予祝行事。えんぶり組（15、6人〜3、40人が一組）と呼ばれる組が、家々を廻り、種蒔きから収穫までのようすを踊りにしてその年の豊作を祈る。えんぶりとは、この地方でエブリコ、エブリと呼ばれる田ならしの農具のことである。

　えんぶり組は、烏帽子太夫という頭役3〜5人と舞方、エンコエンコと呼ぶ花笠をつけた少年役などから成る。そして、烏帽子太夫が田植えの所作を演じ、その合間合間に大黒舞・えびす舞などの囃子舞や苗取り舞、田植漫才などの芸がはさまれる。これは、田を揺り動かして田の中によき精霊を招いて鎮め、その年の実りを約束してもらうためである。また、えんぶり組が各家を廻り歩くのは、遠来の神が村を訪れ、家・田・人を祝福して巡るというかたちを残すものといわれる。

弘前さくらまつり

弘前城を中心とした弘前公園は、日本屈指のサクラの名所として知られ、ソメイヨシノやシダレザクラなど約50種、2,600本ものサクラがある。日本さくら名所百選にも選ばれており、毎年4月23日〜5月5日のまつりの期間には、全国各地か

らの花見客でにぎわう。

　正徳5（1715）年、弘前藩士が25本のカスミザクラなどを園内に植樹したのがはじまり、と伝わる。明治15（1882）年には、旧藩士菊池楯衛がソメイヨシノ1,000本を植栽。これが日本最古のソメイヨシノ、といわれている。

　第1回の観桜祭が開催されたのは大正7（1918）年。その後、戦争などで一時中断されたが、昭和22（1947）年に再開され、昭和36（1961）年には、名称を「弘前さくらまつり」として今日に至っている。現在は、夜間のライトアップやさまざまなイベントも行われ、期間中の来客数が約250万人を数える日本でも有数のまつりとなっている。

ねぶた

　旧暦7月1日から7日（現在は8月）、津軽地方で行なわれる七夕の行事。青森市では「ねぶた」、弘前市では「ねぷた」とよぶ。ねぶた、ねぷたともに「眠り流し」からきた言葉で、秋からの農作業の妨げとなる夏の眠気を払う行事である。もとは、身についた穢（眠気）を祓うために形代（人形）を水に流す行事であったが、時代とともに人形が大型化してねり歩く行事に発達した。

　ねぶたには、金魚形の金魚ねぶた、扇形の扇ねぶた、歴史上の人物や武者人形などをかたどった組ねぶたなど数種類があり、いずれも紙性（骨組みは木と竹と針金）である。中に灯をともす一種の灯籠で、大きさもさまざま。金魚形や扇形の小さなものは子どもたちがひとりで担ぐが、大きなものは若者たちが30人ぐらいで担ぐ。また、組ねぶたは、大勢で担ぐものもあるが、屋台にのせて引くものもある。青森では組ねぶた、弘前では扇ねぷたが多い。

　1日から6日までの連日、笛・太鼓の囃子で、跳人と呼ばれる人びとが一団となって練り回す。最終日の7日には、本来の意義を伝えるねぶた流し。青森市では海岸へ、弘前市では岩木川にねぶた（ねぷた）を持って行き、水に流す。また、担ぎ手も水浴し、そのあとで川原で酒宴を開く。

　一説によると、坂上田村麻呂が蝦夷征伐のときに、人形に人を隠し、音曲にあわせてこれを川に送り出して、おびき出された敵方を首尾よく征伐することができた、という故事から生まれた行事ともいう。

恐山いたこ市

　恐山山頂の菩提寺（円通寺）地蔵堂の大祭（7月20日〜24日）で、イタコと呼ばれる盲人の巫女が、

参詣者の依頼に応じて口寄せを行なう。それを俗に「いたこ市」といった。

　恐山は、日本三霊場のひとつともいわれる。円通寺の境内には、無間地獄・血の池地獄・賽の河原などが散在し、石屋根の浴舎の周囲には卒塔婆が林立している。また、山中には、剣の山・三途の川・畜生道・極楽浜などと呼ばれる場所があり、地獄極楽が目のあたりに見られる霊場として、古来信仰を集めてきた。そこに参詣すると死者の苦しみを救うことができる、と信じられてきたのである。

　参詣者は、石を積んで供養を行ない、浴舎にこもって経をあげたり、経巻を紙に包んで地の海に投げ込むなど、古くからの参詣のかたちを伝えている。

岩木山お山参り

　岩木山の山開祭（7月末）から山納め祭（8月15日）の期間に行なわれるもので、俗に「お山参り」とか「お山さんけ」（お山参詣）とも呼ばれる。青森市以西の津軽一円からの集団登拝をみる。

　参拝者は、登山前の1週間は魚肉を絶って精進潔斎をする。当日は、白衣を着て、初参りの少年は青赤の御幣、2回目以上の者は白紙の、5回目以上の経験者は銀の、7回目以上の熟達者は金の御幣を持つ。そして、太鼓や笛、鉦で囃しながら、口々に「サイギ、サイギ」と呪文を唱えて登山する。

　山上の祠に着いて参拝するとき、神酒を神像の冠から注ぐ。そして、餅で神像をなでて、これを霊符（おかげ）として持ち帰るのである。

　下山の際は、衣装をこらし、各自が工夫の仮面をつけ、歌い踊りながらにぎやかに下る。その歌は、「エーヤマブッカケタ、ツイタチヤマブッカケタ、バッダラバッダラ、バッダラヨ」というもので、「夜山かけだ、朔日山かけだ」の意味といわれる。

　途中の苗代で豊凶の年占を行なうとか、五葉松の一枝を手折って持ち帰ることなどから、農耕儀礼としての色彩が強い登拝行事である。

ハレの日の食事

　弘前周辺では、旧正月料理として「粥の汁」が伝わる。これは、細かく刻んだ根菜や山菜などを入れた味噌汁風の料理で、弘前の和徳城が落城する前日に、兵士たちが残りものを細く刻んで煮こんだのがはじまり、とい

われる。

　南部地方では、肉や魚、野菜やキノコでだしをとり、そこに南部せんべいを割りいれた「せんべい汁」が行事日の共同飲食の料理としてだされる。また、すりおろしたジャガイモの団子を入れた「いもすり団子汁」や、味噌仕立ての「タケノコ汁」もよく知られる。

　津軽地方では、田植祝いに赤飯のほか、煮しめ、ねりこみ、にしんずしなどを食す。干しダラとフキの煮付けも欠かせない。また、正月料理として「ベニザケの熟ずし」をつくる。現在は、ベニザケのかわりにマスを使うところもある。

寺社信仰

恐山菩提寺

寺社信仰の特色

　青森県は、三内丸山遺跡や亀ヶ岡遺跡に代表される、豊かな縄文文化を受け継ぐ伝統文化が長く栄えた地であることから、寺社信仰が定着を始めたのは11世紀の後三年の役以後ではなかったかと思われる。1126年には藤原清衡が白河関から外浜まで1町ごとに金色の阿弥陀像を描いた笠卒都婆（笠卒塔婆）を建てたという。

　1210年には金光上人が蓬田村で阿弥陀像を得て一寺（弘前市行岳山西光寺、青森市行岳山西光院）を創建、大中山梵場寺を再興したと伝え、1262年には北条時頼が平等教院（霊台寺、藤崎護国寺、満蔵寺、弘前市唐糸山万蔵寺）を再興したという。史料としては北条貞時が1306年に寄進した銅鐘（国重文）が弘前市の長勝寺に残っている。南部藩総鎮守の櫛引八幡宮が現在地に祀られたのも同時期の1222年と伝える。

　津軽（弘前）藩総鎮守の岩木山神社は、古くは百沢寺岩木山三所大権現として信仰を集めていた。岩木山北東麓の鬼神社（鬼神様）、平川市の猿賀神社（深砂大権現）とともに〈津軽の七日堂祭〉‡の修正会行事が今も伝わるように、津軽に熊野信仰が浸透する15世紀や、津軽氏が活躍する16世紀の隆盛が想像される。ただし、地元では〈岩木山の登拝行事〉†に象徴される御山こと御岩木様への信仰が古くから存在したのであろう。

　霊山信仰という点では日本三大霊場に数えられる恐山も古いのではないかと思われる。下北地方では人が死ぬと往く所と伝えられてきた。死者供養のために地蔵大士が祀られたのであろう。今も供養のための石積みや風車があちこちにみられる。釜臥山菩提寺が草創されたのは16世紀と考えられ、参詣者で賑わう7月の大祭（地蔵講）と10月の秋詣りに〈津軽のイタコの習俗〉‡の口寄せがみられるようになったのは1950年以降といわれている。

凡例　†：国指定の重要無形／有形民俗文化財、‡：登録有形民俗文化財と記録作成等の措置を講ずべき無形の民俗文化財。また巡礼の霊場（札所）となっている場合は算用数字を用いて略記した

熊野神社（くまの）　東通村田屋。伊邪那美命・早玉男命・事解男命を祀る。1486年、氏子の勧請で鎮座したと伝え、同年の棟札（県重宝）が現存する。この棟札は県内でも3番目に古いもので、頂上部は左右非対称の鬼門切りと呼ばれる山形になっている。当時すでに下北へ熊野信仰が伝播していたことを証明するもので、大変重要である。例祭は9月17日で、上田屋青年会が〈下北の能舞〉†を奉納し、前夜祭から子どもの能舞や手踊りの奉納があって賑わう。能舞は中世芸能を伝える貴重な民俗文化財で、14世紀に誕生し、15世紀末に目名不動院三光坊が下北に伝え、今は東通村を中心に残るのみである。権現舞・式舞・武士舞・修験舞（鐘巻）・道化舞に大別され、鳥舞や翁舞など計28の演目がある。代表演目は道成寺縁起に取材した鐘巻で、鬼と化した娘を修験者が祈禱で救い出す。

小田子不動堂（こだご）　七戸町和田下。1396年に地頭の南部政光が運慶作の不動尊像を安置して創建したという。17〜19世紀に奉納された〈南部七戸小田子不動堂奉納絵馬〉†108枚が残る。明治初期までは体の弱い子を本尊の取子にして育てる民俗があった。境内の祠に祀る桂化木は願掛け石とよばれ、本尊に願を掛けて石に酒を供えて持ち上げ、軽く上がれば願いが叶い、上がらない時は叶わないという。七戸町見町の観音堂も政光が1396年に創建したと伝え、糠部33-13としても参拝を集めた。堂内には観光上人の1512年の順礼札のほか、絵馬・羽子板・読経札など〈南部七戸見町観音堂庶民信仰資料〉†359点が残されていた。両堂の絵馬は縁日に奉納されたものが多く、裏に「叶」の一字を大書したものが4割を占める。これらは現在、町の鷹山宇一記念美術館に保管されている。

法蓮寺（ほうれんじ）　十和田市洞内。曹洞宗。地福山と号する。洞内城の主郭跡に建つ。鎌倉時代に城主の洞内由之進が法身性西国師（法心禅師）を迎えて臨済宗円福寺を創建したという。法身は1189年に常陸国真壁郡猫島村に生まれたと伝え、真壁城主の下僕であったが、仏縁を得て高野山の明遍、鎌倉寿福寺の退耕行勇に学び、宋に渡って径山寺の無準師範に師事、帰国後の諸国修行中に北条時頼の帰依を受け、松島瑞巌寺を中興したことで知られる。1273年に没し、当寺の裏に埋葬された。毎年9

月2日に盛大に供養祭が行われ、〈南部駒踊〉‡が奉納されている。模擬乗馬を腰につけた10人が、庭入りや直り駒などを踊る。木崎野での野馬捕りを模したとも、戦場での軍馬の活躍を舞踊化したものとも伝える。

長者山新羅神社
八戸市長者。1678年、八戸藩2代の南部直政が領内安穏の祈願所として虚空蔵堂を建立したのに始まる。本尊は伊勢朝熊山本尊の写しで、父の直房が直政の一代本尊として京でつくらせ、朝熊山明王院が明星水で加持して開眼した像という。直政は虚空蔵尊に祈願して産まれた子で、一代本尊も寅年の虚空蔵尊であった。これに、南部氏の祖とされる新羅三郎源義光と、愛宕権現を勧請したことから三社堂ともよばれた。堂は八戸藩修験総録の長者山常泉院栄尊が管理した。栄尊は直房の命で熊野山伏となった元家士であった。山の中腹には八戸南部家の墓所がある。2月には八戸に春を呼ぶ小正月の予祝芸〈八戸のえんぶり〉†が奉納される。8月は豪華な風流として知られる〈八戸三社大祭の山車行事〉†が行われ、中日には〈加賀美流騎馬打毬〉も催される。

月山神社
三戸町泉山。三戸南部氏13代守行が社を建てて祈願所にしたという。月読命を祀る。大祭は7月25日（昔は旧暦6月12日）で〈泉山の登拝行事〉†が催される。地元では「七歳児初参り」と言い、数え7歳になった男児が父兄とともに東に聳える名久井岳（月山）へ登り、山頂の奥殿に参拝する。これを済ませると男児は「神の子」から「村の子」へと成長を果たし、「男」の仲間入りをする。早朝に心身を冷水で清めた男児は白装束を身に着け、自分の手形を朱で押した絵馬を腰に下げて神社を出発、泉山神社（地蔵堂）で見送りの女児に賽銭をあげ、8合目の石出明神で小休止、最後の急登を経て奥殿に絵馬を奉納、今までの成長を感謝し、後の健康を祈る。山上で共同飲食を取ると、北麓の糠部33-22長谷観音恵光院へ向けて荒沢不動尊など山中15か所の祠に賽銭をあげながら下る。

義経寺
外ヶ浜町三厩。龍馬山と号す。三厩は源義経が蝦夷ヶ島（北海道）へ渡った地と伝え、津軽海峡に面して厩石がある。荒れ狂う海峡を前に義経が念持仏の観音菩薩に助けを求めると、3頭の龍馬を得て無事に海を渡り、以来、一帯は三馬屋とよばれたという。1667年、当地を訪れた円空は、厩石の上に義経の観音像を見つけ、その像を流木に刻んでつくった聖観音像の胎内に納め、小さな堂宇を建てて祀った。これ

が当寺の始まりという。津軽33-19で、今も海上安全や大漁祈願の信仰を集めている。三厩から西、竜飛崎・小泊・十三湖にかけては磯まわり漁が盛んで、剝り抜き材（モダマ）を接いでつくった磯船が多く残り、〈津軽海峡及び周辺地域のムダマハギ型漁船コレクション〉†が青森市あおもり北のまほろば歴史館に展示されている。

善知鳥神社

青森市安方。烏頭中納言藤原安方朝臣の霊を陸奥国外ヶ浜（油川）の鎮護として祀ったのが始まりという。当地は穏やかな干潟の安潟で、ヨシチドリ（葦千鳥／善知鳥）の生息地として知られていた。昔は善知鳥村とよばれたが、1624年に青森村と改称されたという。神仏分離で毘沙門堂が廃されると、代わりに青森総鎮守と崇められるようになった。夏に賑わう〈青森のねぶた〉†とは逆で冬に賑わい、県内では最も初詣参拝者が多く、年明けと同時に浄世太鼓が打ち鳴らされる。版画家の棟方志功は少年時代に好んでスケッチに訪れ、結婚式は同社で挙げている。志功の菩提寺は近くの青森山常光寺（一番寺）で、寺の隣には太宰治が下宿していた。なお、隣の本町には〈津軽・南部のさしこ着物〉†と〈泊のまるきぶね〉†を展示する県立郷土館がある。

猿賀神社

平川市猿賀。蝦夷討伐で戦死した上毛野君田道の霊を坂上田村麻呂が猿賀野に祀った神蛇宮が始まりという。後に津軽天台四山の1つ猿賀山神宮寺が別当を務め、深砂宮や深砂大権現と親しまれ、眼の守護神、辰年の守護神、農業の神として東北一円の信仰を集めた。1871年に現称とする。例大祭は旧暦8月15日の十五夜大祭で、10万人が参拝し、岩木山・小栗山とともに津軽三大祭と称される。宵宮には〈津軽神楽〉‡が奉納される。旧暦1月7日には〈津軽の七日堂祭〉‡があり、柳がらみの神事では拝殿で氏子が若柳の大枝を檜の盤に12（閏年は13）回打ち付けて作を占う。枝が早く落ちるほど豊年で、落ちた枝を種籾を浸すときに入れると豊作になるという。続いて境内でゴマの餅撒きがあり、この餅を食べると護符になるという。6月には御田植祭、9月には刈穂祭が行われる。

川倉地蔵堂

五所川原市金木町。芦野湖の東岸に突き出た、七夕野とよばれる丘の上に建つ。津軽地方の地蔵信仰の一大拠点で、賽乃河原地蔵尊として知られる。本堂には亡き子の供養に玩具や衣類、花嫁や花婿の人形が山のように奉納されており、境内には数千体の地

蔵尊が祀られている。旧暦6月22〜24日の縁日（大祭）には大勢の参詣があり、本堂に諷誦文（ふ じ も ん）を奉納する。本堂の裏にはイタコが集まっており、口寄せを行う。天から降った燈明の下を掘って出土した地蔵像を慈覚大師が安置して開いたと伝え、天台宗ではあるが、地蔵講が管理をしている。〈津軽の地蔵講の習俗〉‡では、中高年の女性が講を結び、毎旧暦月23日に集落のはずれの祠堂で地蔵を祀る。旧暦6月23日には宵宮をし、オセンダクといって像に新しい着物をつくって着せ、顔に化粧をし直す民俗も広くみられる。

最勝院（さいしょう）　弘前市銅屋町（ひ ろ さ き ど う や ま ち）。美しい五重塔（国重文）があり、弘前で最も初詣参拝者が多い。旧暦6月13日の牛頭天王尊（ご ず て ん の う そん）の縁日にも境内は露店が並んで参拝者で大変賑わう。金剛山光明寺と号し、金剛界大日如来を本尊とする。津軽弘法大師霊場1番札所。文殊菩薩は津軽一代様の卯年霊場本尊。巨大な貪瞋癡（と ん じ ん ち）の三毛猫を退治したという猫突不動明王（ね こ つ き）は東北36不動15となっている。1532年に常陸国桜川の弘信法印が開いたと伝え、日本7名城の1つ弘前城が1610年に築かれると翌年その鬼門へと移り、津軽藩永世祈願所に定められたという。藩政時代は領内の寺社総取締（僧録）で、弘前総鎮守八幡宮の別当も務めた。弘前八幡宮の例祭は8月1日で、1882年以前は〈津軽神楽〉‡の奉納や山車の曳き回しがあったという。この山車の曳き回しが〈弘前のねぷた〉†の曳行を惹起したと考えられている。

久渡寺（く ど じ）　弘前市坂元（さ か も と）。護国山観音院と号する。本尊は聖観音で津軽33-01。寺宝の幽霊画は円山応挙（ま る や ま お う き ょ）が亡き妻を描いたと伝え、命日の旧暦5月18日に開帳して供養している。本堂には王志羅様（お し ら）も祀られている。1897年に高坂清観住職が王志羅講を結成し、津軽地方のオシラ様信仰の拠点となった。5月16日の大祭には、津軽だけでなく秋田県北部からも大勢が参詣に訪れ、〈久渡寺のオシラ講の習俗〉‡が営まれる。早朝から参詣者が集まり、本堂で持参したオシラ様にオセンダクとよぶ衣装を着せ、受付で印を押してもらう。この印の数でオシラ様の位が上がるという。オシラ様は護摩壇（ご ま だん）の周囲に立てられ、護摩にかざした大幣（お お ぬ さ）で祓われ、最後にイタコが津軽観音巡礼の御詠歌（ご え い か）とオシラ祭文を奉唱して大祭は終了する。

円覚寺
えんがくじ

深浦町深浦。真言宗醍醐派。坂上田村麻呂が一宇を建て、聖徳太子作の十一面観音像を安置したのが始まりで、後に円覚法印が当山派修験の寺にしたと伝える。大祭は7月16日で、宵宮には柴燈護摩や火渡行法が修される。津軽33-10で、澗口観音と親しまれた。深浦は北前船の風待ち港で、津軽藩4浦に数えられた。境内の竜灯杉は日本海を航行する船の目印とされ、澗口観音を信心すれば大時化の時や霧や闇に包まれた時でも、光を放って導くと信じられた。そのため商人や船乗りの寄進が数多くあり、現在も〈円覚寺奉納海上信仰資料〉†などが大切に保管されている。船絵馬70点は、船主や船頭が奉納したもので、北前船の前身である北国船を描いたものもある。髷額28点は、海難に際して髷を切って祈り、一命を取り留めた者たちが御礼参りで奉納したものである。

伝統工芸

津軽塗

地域の特性

　本州最北端で、古くから陸奥と呼ばれ、本州ではアイヌ民族が最後まで残った土地といわれている。津軽海峡をはさんで北海道を望み、西は秋田県、東は岩手県と接しており、文化的には津軽、南部、下北の三つの地域に分けることができる。県の人口は125万人、その半分ほどが青森市、八戸市、弘前市に居住している。西部の津軽地方はかつて旧弘前藩、東部の南部地方（下北・上北・三八地域）は旧盛岡藩と旧南部藩からなっていた。

　西部はブナの原生林で知られる世界遺産の白神山地や、八甲田山、岩木山がそびえ、山麓には肥沃な津軽平野や青森平野が開ける。日本三大美林の青森ヒバなど山林資源に恵まれ、リンゴやメロンなどの果樹栽培、ニンニクやゴボウなどの根菜類の農林業が盛んである。三内丸山遺跡や亀ヶ岡石器時代遺跡などの縄文遺跡には、さまざまな土器、広い集落跡や他地域のものと推測される遺物の発見が相次ぎ、文化・経済などの面でも中心的な地域であったと推察される。中世の覇者であった安藤（安東）氏の拠点として栄えた港湾都市「十三湊」の興亡にみられるように、勢力を拡大してきた南部氏との相克を経て、安藤氏は蝦夷に退き、戦国時代末には津軽氏が独立、津軽と南部それぞれの風土に根ざした特色ある文化が育まれてきた。

　東部の八戸は、豊富な漁業資源に恵まれ東北随一の水揚げ高を誇る。

　日本三霊場の一つとされる下北半島の恐山では、恐山大祭が催され、イタコと呼ばれる盲人の巫女の口寄せで知られるが、恐山の霊験には海路の安全と商売繁盛も掲げられ、海運業者らの参詣や寄進も盛んに行われた。漁業資源が豊富で、煎海鼠、干鮑、昆布などの海産物が18世紀後半から日本海海運の廻船に積み込まれたが、海上交易に携わった船乗りや商人たちは下北に拠点をおいたとされる。大間のマグロの一本釣りなど農林水産

業の比率が高い。

伝統工芸の特徴とその由来

　三内丸山遺跡の縄文集落跡からは、赤い漆の飾りがある石刀などが発見され、約4000年前にすでに漆を利用していたことがうかがえる。

　北前船による交易で、遠く越前からもたらされた若狭塗の変わり塗技法は、津軽にも卵殻模様、貝片を使った貝殻文様、松葉や木の葉、ナタネ、もみ殻などを用いた起こし文様などさまざまな加飾技術を定着させた。

　特に唐塗は津軽の馬鹿塗りと揶揄されつつも、「馬鹿丁寧に」あるいは「馬鹿になるほど」漆を塗り重ね、研ぎ出しを重ねることによって生み出される美しく堅牢な漆器である。

　寒冷地で半年近くも雪に閉ざされる暮らしがもたらす手仕事が手技を育んだ。たび重なる災害を乗り越え、信心深く、粘り強い気質をもとに生活の知恵を活かし、工芸という花を美しく咲かせたのである。

　例えば、「雪と手仕事には厚い因縁がひそみます。これこそは北国にさまざまな品物を生ましめる一つの原因」と民藝を提唱した柳宗悦を感動させた刺し子の丹念な仕事。雪に耐える装具や持物として、実用に堪え得るように念入りに手を動かす。

　また、雪国の気候と風土の中で育ったヒバは津軽塗の木地として、津軽塗の発展を支える。山麓にはスズタケやアケビが自生しており、盛んになったリンゴ栽培とともに、りんご篭などの編組み細工も発展した。青森ねぶたや弘前ねぷたの屋台は、木とタケを針金で骨組みをつくり、紙を貼って武者絵などを描く豪壮なもので、毎年300万人もの観光客が押し寄せる。

知っておきたい主な伝統工芸品

津軽裂織（青森市、八戸市、十和田市）

　津軽裂織は独特の風合いをもつ柔らかでカラフルな裂織物である。東北は古代から、農民の日常着や農作業着には樹皮布や麻が用いられていたが、津軽の海岸線地域では、江戸中期になると、日本海交易の北前船により古手木綿が手に入るようになった。古手木綿とは、京阪地方から移入される木綿の古着またはきものを布にほどいた解分を総括した言い方で、肌着や裏地として利用されていたが、これらの古手木綿を活用して、

布として再生するために生み出されたのが裂織である。

　丈夫な麻糸を経（縦）糸に、古着を丹念に裂いた紐状の緯（横）糸を織り込んだ裂織は、丈夫で暖かく、巧まずして現れる精妙な色移りが特徴で、漁師、農民の作業着や日常着として普及するようになった。真新しい裂織は晴れ着ともなり、雪に閉ざされた暮らしに明るい色を点じるとともに、厳しい寒さから人々を守ってきた。

　現在では、布を裂いた糸のケバがはみだす手織りならではの触感が見直されつつあり、絹布を用いたり、つづれ織り・綾織りなどより高度な織り方が施されたりと、お洒落で洗練された商品の開発も進んでいる。

こぎん刺し・南部菱刺し (弘前市、青森市、八戸市)

「こぎん刺し」は紺地の麻布に白い木綿糸でびっしりと隙間なく刺子を施したもので、幾何学的な文様が特徴である。腰丈くらいの作業着で、津軽地方で生み出された。

　江戸時代、庶民に普及し始めた木綿は、寒冷地の津軽地方では育たないため買い入れるほかなく、財政の逼迫していた津軽藩では農民たちに木綿を禁じ、自家製の麻布を着るように命じた。目の粗い麻布では冬場の寒さはしのぎ難く、少しでも暖かく着られるようにと工夫を重ね、厚みをつけるために補強を兼ねて木綿糸で刺したものとされている。濃紺に染めた麻布の地に太めの白糸で織目に沿って幾何学模様を刺していくと、藍と白のコントラストが効いた緻密な刺子文様となる。

　一方、「南部菱刺し」は菱形の枠取りの中に、花や鳥などを抽象化した文様を一針一針刺したものである。浅葱色に染めた麻布に、古手木綿の裏を重ねて刺し綴ったもので、白い木綿糸だけではなく、色糸や毛糸も取り入れるなど自由度が高い。南部地方の農村で始まり、農民や漁師の麻の作業着や前垂れ（前掛け）、股引などに施されてきた。

　緻密さに思わず目を見張るこぎん刺しと、どこかおおらかで柔らかい雰囲気が漂う菱刺し。津軽と南部、風土による地域性の違いはあるにしても、どちらも現代の暮らしに取り入れやすい形で、卓布、ネクタイ、バッグなどが盛んに商品化されている。

津軽塗 (弘前市)

津軽塗の特徴はその堅牢さと、まだら模様の色彩豊かな「唐塗」を始め、労を厭わず生み出されてきた変わり塗技法の多様性にある。

津軽藩4代目藩主津軽信政（1646〜1710年）の時代に召し抱えられた塗師池田源兵衛が、元禄年間（1688〜1704年）に津軽塗独自の技法を完成させたといわれる。弘前を中心とした津軽地方でつくられる、日本最北端の伝統漆器だ。当初は武士の刀の鞘や高級な調度品に用いられ、明治時代初期にそれまで積み重ねられた伝統技術を土台に産業として確立した。

　特色は主にヒバの木地を使う、「研ぎ出し変わり塗」といわれるもので、最初の仕掛けや色漆の種類や塗り重ねの手順などで、多種多様な塗りができる。

　その技法は四つある。穴の開いたへらで漆の斑点模様をつけ、色漆を塗り重ね、その色漆の層を研ぎ出した色彩豊かな抽象文様の「唐塗」、ナタネで漆の小さな輪紋をつくり、その上に色漆を塗りこみ、輪紋を研ぎ出した小紋風の「ななこ塗」、ななこ塗の地に古典的な唐草や紗綾型模様を描き込んだ華やかで風格ある図柄の「錦塗」、黒漆で模様を描き、全面に炭粉を蒔いてから研ぎ、艶消しの黒地に漆黒の模様を浮き出した渋くてモダンな「紋紗塗」だ。いずれも製品によっては50近くの工程を必要とし、何度も何度も塗りが繰り返されるので、その堅牢さが評価されている。

　伝統的な四つの技法は現在まで受け継がれ、多彩なバリエーションが生まれている。箸、椀、盆、重箱などの生活什器に加え、アクセサリー、テーブル、花器、茶器、飾り棚、玄関先で靴を脱ぎ履きする際のちょいがけなど、現代風のアレンジも加えられた製品も登場している。上手な使い方として、湯水に長く浸けず、手早く洗い、柔らかな布で水気を拭き取る、ほこりは羽ばたきで払ってから柔らかな布で拭き上げると艶が長もちする、直射日光は変色や狂いの原因になるので避ける、などがあげられる。

ひば曲物（南津軽郡藤崎町）

　ひば曲物の代表的な製品はわっぱ弁当である。日本三大美林とされる青森ヒバを丁寧に製材し、型枠を使わずに「ゴロ」と呼ばれる丸太に巻きつけるように少しずつ転がすことで生み出されるゆるやかな曲線美には、熟練の技が尽くされている。年輪を重ねたヒバの美しい木目こそ青森ヒバの特長である。ヒノキチオールを豊富に含み、抗菌作用、血行促進作用などを有し、耐湿性に富む。かつては、セイロや柄杓、お櫃、桶などさまざまな調理道具や弁当箱類が津軽各地で生産されていたが、安価なプラスチック製品に押され、需要が激減し、職人も減少して、現在では県内ただ一人となった。後

継者の育成が待たれる。

あけび蔓細工 (弘前市)
あけび蔓細工は、木々に絡んで這い上がるアケビの蔓を刈って、上手くたわめて編んだ篭、屑篭、ランプシェードなどの生活用品である。

　津軽地方には、昔からヤマブドウ蔓やアケビ蔓など野山に自生する材料を活かしたさまざまな編組品が伝わっていた。弘前市のあけび蔓細工は、江戸時代末期に岩木山麓の嶽温泉の湯治客への土産品として、炭篭や手提げ篭などを編んだのが始まりとされている。皮付きのものと、皮を剥ぎ漂白したものとがあるが、現在は野趣に富んだ手触りのものが好まれ、皮付きの篭が多くなっている。

　すべて手作業で、材料の採取から鞣し、裁断、幅調整に始まり、底編み、立ち上げ編み、縁巻きに至るまで、丹念に熟練の技が駆使される。編み方はナミ編みや2、3本で編むグニ編みなど多種多様で、その模様もさまざま。熟練した職人の無駄のない手さばきが見事である。同じ型のものを編むには木型を用いるが、縦の蔓をまっすぐに立ち上げ、横の蔓はでこぼこが出ないように型にぴったりと沿って編み進める。いかにも能率的で、精密な篭の完成と相成る。多彩な編み模様と落ち着いた色合いが自然の温もりを感じさせて、実用品にとどまらない美しさで全国各地の民芸店に販路を広げている。

津軽びいどろ (青森市)
津軽びいどろは少々厚手の、手づくり感に溢れた色付きのガラス食器である。1977 (昭和52) 年に青森市富田の北洋硝子株式会社によって生み出された。北洋硝子はもともと漁業用のガラスの「浮玉 (漁船の仮留、定置網の設置に用いられる浮き輪の一種)」を製作しており、一時、業界トップにまで上り詰めたが、時代の流れで浮玉は樹脂やプラスチック製が主流となり、浮玉に替わる新製品として開発されたのが津軽びいどろであった。

　食器や花瓶の生産を念頭に色ガラスの開発を模索する中、地元の景勝地の砂浜の砂を用いて、色ガラスの開発に成功。この独自の緑色「七里長浜」のほか、瑠璃色や藍鼠など100色以上のバリエーションをもって、豊かな色彩と透明感あふれる美しいガラス器が誕生した。伝統的な「宙吹き」の技法と豊富な金型を用いて、花瓶や冷酒徳利、ワイングラスなどが生産されている。

民　話

地域の特徴

　青森県は本州の最北端にあり、西は日本海、東は太平洋に面する。北は津軽海峡をはさんで北海道、日本海側の南は秋田県、太平洋側の南は岩手県に続く。

　かつて「津軽の稲作、南部の畑作」といわれた時代もあったが、品種改良により全県的に稲作が盛んである。また、リンゴ、ナガイモ、ニンニクなどの果樹や野菜栽培も盛んである。そして、漁業においても全国有数の水揚高がある八戸港などがあり、サバ、イカ、ホタテ、マグロなどが全国に出荷されている。

　祭りや行事はたくさんあるが、青森市や弘前市などのネブタ（ネプタ）祭り、八戸市の三社大祭や八戸市などのエンブリ、むつ市の恐山大祭などは特に有名である。桜祭りは各地にあり多くの人で賑わうが、東北地方に唯一現存する天守をいただく弘前城の「弘前さくらまつり」は特に有名である。秋田県にまたがる世界遺産の白神山地や十和田湖をはじめ八甲田山、岩木山、仏ヶ浦などの景勝地があり、自然環境が数多く残されている。

伝承と特徴

　青森県は大まかに津軽・南部・下北の三つの地区に分けられる。それぞれに異なる歴史や気候、文化、風土をもっている。近代以降、旧津軽藩領はそのまま一つに、旧南部藩領は三八・上北・下北地方の三つに分かれる。

　昔話の結句は津軽・南部・下北で異なる。津軽はトッツバ（パ）レで、南部はドットハライである。山形県や秋田県のトッピンパラリ（カタリ）系に属するが、変化が少ないのが特徴である。

　下北は旧南部藩領であるが、「一生暮らした」、ドットハライ、トッチバレ、トットグレなどの結句があり、変化がみられる。「一生暮らした」という結句では東通村と佐井村に分布しており注目される。なお、旧南部藩

領の岩手県岩泉町でソレバカリ、コレバカリという結句で、深浦町でトチパレプン（トッチパレと秋田のトッピンパラリノプウの複合型か）が確認されていて、旧藩領で結句が統一されているわけではないようである。

近年、『青森県史』の調査資料として『青森県史 民俗編 資料 南部』、『青森県史 民俗編 資料 下北』、『青森県史 民俗編 資料 津軽』の３冊が刊行された。ここには「口承文芸」の昔話・伝説・世間話・ことわざ・俗信・早物語がまとめられている。県内の昔話・伝説・世間話を調べるための話例や一覧などがあり、それぞれの話の収録されている資料集、伝承地などがわかり、民話などの伝承研究の基礎資料となる。

おもな民話（昔話）

蛇婿入り（へびむこいり）　昔、千刈田を持ったトド（父）どアッパ（母）があったんだって。田植えだというのに水がない。「沼の主さま」に、娘三人のうち一人を嫁にやるからと水乞いをする。水が入る。上の娘二人は嫁入りを承知しない。末の娘が承知する。「針千本と目籠千枚」（めかご）を持って嫁入りし、「龍」である「沼の主さま」を退治する。帰り道の途中、かつて娘のトドに助けられた蛙がお礼だといって「婆の皮」を授ける。娘は「婆の皮」をかぶり、金持ちの家に女中に入る。「婆の皮」をはずした顔を若旦那に見られ見初められる。それでしあわせに暮らして、親孝行もして暮らしたそうです。いちごんまちごん暮らしてどんとない（『下北半島西通りの民俗』）。

『青森県史』によると、昔話の話型（それぞれ話の特有の型、タイプ）数は、県全体で492話型、そのうち津軽が377話型、南部は312話型、下北は233話型である。話数は、県3,603話（津1,771話、南1,110話、下722話）。採集話数の上位は、①蛇婿入り98話、②鼠の浄土76話、③食わず女房─蛇女房型75話、④継子の訴え─継子と鳥型65話、⑤三枚のお札64話などである。以上から青森県を代表する昔話は蛇婿入り、鼠の浄土、食わず女房─蛇女房型となる。蛇婿入りを話型別に見ると、姥皮型（蛙報恩）34話（津10、南13、下12）、針糸型・豆炒り型・立ち聞き型（苧環型）26話（津4、南9、下北13）、水乞型26話（津11、南8、下北7）などとなる。例話は「蛇婿入り─姥皮型」で、「いちごんまちごん暮らしてどんとない」という「一生暮らした系＋どんとない」という結句が珍しい。

鼠の浄土

昔、あるところに爺と婆とがあった。爺は毎日蕎麦餅（そばもち）を鼠にあげていた。ある日、鼠がごちそうすると迎えに来たので、爺は鼠穴に入っていった。「そーれでァ それそれァ ひゃーぐね（百に）なっても 二百ねなっても 猫の声こば 聞きなくなェでァ やーえ それそれ それそれ やーえ」と歌いながら大勢で蕎麦切りを打っていた。爺は蕎麦切りをごちそうになって、ずっぱど銭をもらって帰った。隣の欲たかり婆がこの話を聞いて爺に真似させた。隣の爺は唄の最中に猫の鳴き真似をした。鼠は逃げてしまい、鼠穴から出られなくなった。そうして慾たがり爺はとうとう土の中で、もぐらもち（もぐら）になってしまった。どっとはらェ（『手っきり姉さま』）。

食わず女房

むがし、ある村に、それはそれは欲のふかい旅商人（たべと）あったんだと。探し求め、飯食ね嫁をもらった。ある日、隣の婆が、お前が出かけると大きな握り飯（まま）を食っていると男に教える。出かけたふりをして、男はまぎ（屋根裏）に上がる。見ると、嫁は髪をほどき頭のてっぺんの口で大きな握り飯を10も食っていた。そして男は蔵を開けてみると、今までいっぱいためていた米はなくなっていた。したはで、誰でもあんまり欲ふかくかがるもんでねえんだど。これでとっちばれだ（『木造町のむがしコ集』）。

おもな民話（伝説）

ジュネ畑

三戸郡南郷村（現・八戸市）の島守にある虚空蔵山のうしろに、岩肌が露出しているところがある。

これを遠望すると畑のウネに見えるので、村人は義経のジュネ（荏、荏胡麻）畑と呼んでいる。むかし源義経が、平泉からここに逃れて隠れ住み、ジュネを植えたといい伝えている（『陸奥の伝説』）。

仏ガ浦

下北郡佐井村の牛滝と福浦の間、1.5kmにわたる浸食海岸で、その所々に高さ60～90mの奇岩が、何百となく羅列して、全国にも類のない奇観である。

中に洞穴のある巨岩があり、むかし源義経がここに隠れ、弁慶が身を以て穴をふさぎ、敵を追い払ったという。また墨流しの岩というのは、弁慶の墨染めの衣の色で染まったという。義経が馬でかけ下りたときの馬のヒズメの跡や、弁慶の足跡というのも残っている。

牛岩というのがあって、義経がここから松前に橋をかけるために、奥地から材木を牛に引かせた。その牛が疲れて死に、岩になったのだと伝える（『陸奥の伝説』）。

風祈り観音

東津軽郡三厩村（現・外ヶ浜町）は、むかしは松前（北海道）に渡る港であった。源義経が奥州高館を逃れてここまでたどり着き、蝦夷地に渡ろうとした。しかし順風が吹かなかったので、数日滞在した。

いつまでもそうして居れないので、大切にしている守本尊の観音様を岩の上に安置し、渡海を祈ったところ、たちまち風が変わった。そこで無事に蝦夷地へ渡ることができた。その観音様は、いま三厩の義経寺に祀られて、義経の風祈りの観音とあがめられている（『陸奥の伝説』）。

このように『陸奥の伝説』には、義経、義経の家来である弁慶や常陸坊海尊（二人とも説話・伝承上の人物）の話が、この3話を含めて27話載っている。いわゆる判官びいきの内容で、源義経は今も伝承の世界で生きているのである。

八郎太郎

①昔、マタギの八郎太郎が岩魚3匹を食った。のどがかわき、水を飲み続けているうちに竜となった。自分のすみかをつくるために川をせきとめようとするが、土地の神仏により阻止され逃げていった。

②十和田湖に八郎太郎という竜が住んでいた。南蔵坊（南宗坊とも）がやって来て戦うが、負けて追い出される。

③十和田湖を追い出された八郎太郎は、秋田県の八郎潟に行く。なお、秋田県では八郎潟の八郎太郎が田沢湖の辰子姫に通う話もある。

これが八郎太郎伝説の基本話型である。なお、南部では八ノ太郎、津軽では八郎と呼ぶことが多い。

この伝説は、室町時代の玄棟による『三国伝記』にも書かれており、古くから伝承されていたらしい。ここでは江戸時代の津軽（弘前）藩最初の官撰史書『津軽一統志』から引く。〈 〉は筆者付記。

津軽と糠部〈現・（以下同）南部〉の堺糠壇〈八甲田〉の嶽に湖有、十灣の沼〈十和田湖〉と言ふ也〈なり〉。地神五代より始〈はじま〉る也。数ヶ年に至〈いたり〉て大同二（807）年斗賀〈とが。南部町名川の地名〉の霊験室〈堂カ〉の衆徒南蔵坊と言。法師〈南蔵坊という法師〉八竜を追

出し十灣の沼に入る。今天文十五（1546）年まて及二八百余歳一也〈八百余歳に及ぶなり。引き算すると、七百余年か〉。

江差の繁次郎　ユルカイ村ニシトラノスケ

ある時分にね、繁次郎に、「お前何処さ（めどこ）ヤドイに行って来た」って聞いだんです。そしたらね、まあ、「樺太の（かばふと）、ずっと向ごうの、ユルカイ村のニシトラノスケの家へ行って来た」ってしたんですと。

それはね、ほれ、ユルカイ村たら、何にもニシンが取れなくて、ゆるい粥（かゆ）ばり食べだんして。はあ、それだどごでユルカイ村。して、それ、ニシンがとれねどごでニシトラノスケ（ニシンとらんの介）っていう名前コつけでね、そういう所へ行って来たってそう言ったんですと。

これは、むつ市の女性から1981年に筆者が聞いた話で、『青森県史 民俗編 資料 下北』に載せたものである。

江差の繁次郎、繁次郎話は、北海道はもちろん、青森県・秋田県・岩手県などでも伝承されている。これは北海道へ出かせぎに行って、繁次郎話を持ち帰り、故郷でも話に花を咲かせたからである。中でも、青森県からの出かせぎ者は多かった。『青森の「繁次郎ばなし」』に「ニシン場の話」19話型、「山仕事の話」11話型、「村と町の話」62話型などの話が載っている。例えば「逆さ手網」というニシン場の話を見ると、上北郡横浜町、下北郡東通村・風間浦村、むつ市、東津軽郡今別町、北津軽郡中泊町、西津軽郡鰺ヶ沢町・深浦町で14話採集されていることからも、繁次郎話が青森県で盛んに話されていたことがわかる。

シガマニョウボウ

地域の特徴

　東北地方はかつて陸奥国や陸奥（「道の奥」の意）とよばれていたが、現在の青森県はそのなかでも最北端に位置する。県内全域が豪雪地帯に指定されており、冬場は非常に雪深い地域である。北は津軽海峡、西は日本海、東は太平洋に面しており、西側に突き出た津軽半島と東側に突き出た下北半島が陸奥湾を囲い込む印象的な県の形は、全国でも広く認知されている。1年のうち、厳寒の時期が長く続くと同時に、暖流と寒流が出合う青森県沿岸の海は豊富な海産物に恵まれた優良な漁場でもある。

　海との繋がりが深い一方で、内陸には世界遺産の白神山地や、十和田湖や宇曽利湖、八甲田山や岩木山、恐山などといった景勝地が広がり、海と山の県だといえる。三内丸山遺跡など、縄文時代に大規模集落があったことを示す遺跡もあり、県内に残る多くの遺跡の発掘調査から、古くから北海道や東北の近隣地域との間に交流があったことがわかっている。西日本に端を発するヤマト王権は、陸奥に住む人々を「蝦夷」とよんで支配下に置こうとしたが、平安時代に至って征夷大将軍の坂上田村麻呂が「蝦夷」の指導者である阿弖流為らを降伏させるまで、長きにわたる抵抗が続いた。

　江戸時代に入り幕藩体制が敷かれるようになると、現在の青森県西部に津軽藩が、東部に南部藩が置かれた。県の名称は、明治の初めに県庁が弘前町から青森町に移されたことに由来する。現在、県内の人口の半分ほどは青森市、八戸市、弘前市に居住している。県の中央を走る奥羽山脈の西に位置する津軽地方と、東に位置する南部地方は、今日に至るまで異なる文化や習俗をもち続けていることで知られる。

伝承の特徴

　青森県の伝承には、社寺に伝わる縁起類や、一般の民衆の間に伝わった口頭伝承や古記録類のほか、津軽や南部など県内各地に分布するイタコな

どの民間宗教者が伝える祭文その他の口頭伝承が大きな役割を果たしている。イタコが語る「岩木山一代記」その他の祭文には、説教節「山椒太夫」などの口承文芸と共通した筋書きをもつものがあり、強い物語性を有する。

　下北半島の恐山は、イタコが夏と秋の大祭時に、死者の想いを代弁するという「口寄せ」を行うことでも知られる。しかし、恐山でイタコが口寄せを行うようになったのは古来からの習俗ではなく、昭和に入って以降のことだという。イタコは占いなどを通して、依頼者が抱える問題の原因を河童や狐、死者の霊などに求めることなどもあり、妖怪の伝承とも浅からぬ関係をもっているといえる。神や死者、また、時には生者の口寄せを行うこともあった口寄せ巫女は、イタコに限らず、カミサマやアズサなど多様な名でよばれ、全国各地に分布していた。しかし、近代に入ってから全国の口寄せ巫女は激減した。そうしたなかで、口寄せ巫女の伝統を長く残してきたのが青森県をはじめとする東北地方なのである。

主な妖怪たち

アカテコ　八戸のとある小学校の前の古木から、アカテコという赤い小児の手のようなものがぶら下がるという言い伝えがある（『郷土趣味』5-2）。かつて、この古木の根元には若宮神社という小さな祠があり、傍らに17、8歳の美しい振袖姿の娘が立つことがあった。この娘を見た者は熱病にかかるのだという。

甘酒婆　夜中に甘酒を求めては、家々の戸口を叩いてまわる老婆姿の妖怪。青森市などに伝わる。「甘酒はないか」という甘酒婆の問いかけに対して返事を返してしまうと、病気になるという。しかし、戸口に杉の葉を吊るしておくことで、これを防ぐことができる（『旅と伝説』13-6）。山梨県の「アマザケバンバア」、奈良県や石川県の「白粉婆」など、他県にも同様の話を伝える地域がある。家の戸口に、何かを記した紙を貼ったり、魔除けとなる物を提げたりするのは、疫病神による病を防ぐための一般的な対策である。

オガリヤワラシ　お仮屋の座敷に出るという子ども姿の妖怪。八戸の観音林には殿様が泊まるための座敷を備えた「お仮屋」という家があった。その座敷には昼間であっても、いつでもオガリヤワラシが歩いているといわれており、子どもはこれを恐れて座敷に近づ

けなかったという（『伝説雑纂』）。岩手県や青森県でいうところのザシキワラシに近いものであるが、ザシキワラシほど広く分布する名称ではない。八戸にもザシキワラシの伝承はある。明治の初め頃まで、八戸の湊には貸座敷を家業とする店があり、ザシキワラシが出ると評判だった。夜半になると綺麗なチャンチャンコを着た子どもがどこからともなく現れて、客の男に腕相撲をせがむと怪力でへとへとにさせていた。あるとき、赤い襷をかけて箒を持った見慣れぬ女の子がこの店の2階から降りてくると、黙って外へ出て行った。それ以降、この店は廃れてしまったという。

オシッコサマ

津軽では河童に類する妖怪を、メドツ、メドチのほか、オスイコサマ、オシッコサマ、セッコウサマなどともよぶ。中国の水神「水虎」の知識が江戸期以降の知識人、例えば僧侶、山伏、その他の民間宗教者などを介して在地の伝承に流れ込み、なまったものだと考えられている。メドツを祀ったものがオシッコサマだともいわれ、両者は名称こそ異なるものの、非常に似ている存在である。ただし、名称に「様」を付けて祀られているオシッコサマなどは、水難や火難を防ぐための神なのでもあり、その点で、主として人間に悪さをするメドツとは性格が異なる。

恐山の死霊

恐山では、死んだ人の声を聞いたり、姿を見たりすることができるといわれる。恐山は下北半島の中央部に位置した、宇曽利湖を中心とする外輪山の総称である。地元では「死ねばお山さ行ぐ」といわれるとおり、古くから死者の霊が集まる山だと考えられてきた。本来は地蔵信仰に基づく死者供養、現世利益の霊場であるが、いつからか、直接死者に出会える山として知られるようになった。恐山の敷地内には温泉が湧いており、この温泉に浸かっていると、窓の外に知人の霊が見えるともいう。恐山といえば、自らに死者の霊を憑依させて、その想いを代弁するという口寄せ巫女の「イタコ」が有名であるが、イタコは恐山には常駐しておらず、年2回の大祭のときなどに入山するのみである。また、イタコが恐山に来て口寄せをする習俗が一般化したのも、昭和に入ってからのことであるという。

カワオナゴ

青森市の十川にかかる釜谷橋近くの土手に現れて、男に取り憑く美女姿の妖怪（『津軽口碑集』）。江戸期の『谷の響』には、声だけの妖怪「川媼」の言い伝えが載っている。月の明るい晩

に山小屋を訪ね、老婆の声で子どもたちが世話になったと告げるという。

鬼神社の鬼

弘前市の鬼沢には、古くは「鬼の宮」ともよばれた「鬼神社（きじんじゃ・おにじんじゃ）」という神社があり、その名のとおり、鬼（鬼神）が祀られている。鬼神社には、地元の村人が水の少ない農地の開拓に難儀していたところ、鬼が現れて用水路の建設を手伝ってくれたという話が残されている。これに喜んだ村人が建立したのが鬼神社であるという。神社には鋤や鍬などの、鉄製の巨大な農具が奉納されている。このように、津軽の鬼は必ずしも人に害を為す恐ろしいだけのものではない。例えば津軽には、鳥居に立体的な鬼の彫刻（「鬼ッコ」）を付けた神社も複数存在する。この鬼は、悪いものが外から入らないようにするためのものであり、鳥居に鬼を付ける習俗は、明治の初め頃に弘前市内の八幡宮から始まったという。津軽における鬼は、善と悪の両方のイメージをもち合わせているといえよう。

櫛引八幡宮の白狐

メドツの彫刻が残る八戸の櫛引八幡宮には、狐の伝承もある。本殿の横板には狐の持ち物である「宝珠」形の穴が開けられており、御室とよばれている。これは八幡宮の使いの狐が出入りするためのものだという。櫛引八幡宮には、八戸中に甚大な被害をもたらした八戸大火の際、夜中に白狐が御室から出てきて本殿のまわりを駆けまわって、火災の発生を伝えたという伝承が残っている。八幡宮本殿のすぐ近くには、この白狐を祀った末社である悶破稲荷神社がある。かつての日本では、狐が火を自在に操って火事を起こしたり、逆に、火事を消してくれることがあるとも考えられていた。櫛引八幡宮の場合は、人を助ける稲荷神の「神使」（神のお使い）としての狐である。

狗賓

恐山を構成する山の一つである大尽山の山腹から、場違いな管弦の音が聞こえ始めることがあり、これは「狗賓」（天狗）の仕業だと考えられている。この音楽が聞こえると、それまでどんな晴天であっても一転して山が荒れだす。そのため、こうしたときには、宿坊を守る者が裃を着けて威儀を正し、高張提灯をかざした小者を先に立たせて、宿坊ごとに「今にお山が荒れて参ります。何か御不浄はござりませぬか。お慎みなされませ」といった警告を発してまわったものだという。そして、もしも山の霊威を汚すような者があった場合、即座に下山を命じたのである（『あしなか』53）。また、恐山の境内には明神堂というお堂があり、ここ

へ女人が上がると、ただちに雨が降るといわれていた。これも狗賓の仕業であった。夕闇の迫る頃に奇怪な舞を舞う白衣の山伏が、たびたび目撃されたものだという（『旅と伝説』2-7）。

シガマニョウボウ

東北地方を中心として各地に伝わる雪女、雪女房に類した話。シガマ（つらら）のように細くて美しい妻が欲しいと呟いた男のもとに、そのとおりの女がやってくる。唯一の欠点は、風呂に入ろうとしないということだった。隣の女房に頼んで無理やり風呂に入れてもらうと、湯船には櫛だけが浮いていた。

嶽の大人

津軽には鬼に類した「大人」（巨人）の伝承もある。江戸期には、岩木の嶽や鬼沢村の嶽といった場所に出没した大人が、樵夫に相撲を挑んだり、大量の薪を一夜のうちに運んでおいてくれたりするという伝承があり、近代以降にも広く語られてきた。また、温泉地としても有名な酸ヶ湯で死者が出ると、風雨が起こって大人に死体をさらわれるともいう。これは、全国的に広がる、死体をさらう妖怪「火車」の知識が大人伝承に混入したものと思われる。大人と交わって遊ぶようになった鬼沢村の樵夫が、ついにはみずから大人になってしまい行方をくらましたという話もある（『津軽俗説選』）。津軽の大人伝承は、江戸期から近現代にかけて鬼の伝承と混じり合ってきたようである。

タタリモッケ

津軽地方などでは、恨みをのんで死んだ人は祟りを引き起こすと考えられていた。堕胎された胎児や非業の死を遂げた人などが変じるという（『日本民俗史大系』12）。

タンコロリン

弘前市の周辺では、大人の言うことを聞かない子どもに対して「タンコロリンが来るぞ」と言って脅すことがある（『津軽口碑集』）。青森県や宮城県などの東北地方には、タンコロリン、あるいはタンタンコロリンといった妖怪の伝承があり、宮城県のタンタンコロリンは古い柿の木が化けたものだと考えられている。

テンコロバシ

坂道を転がる妖怪。八戸では、雨の日に坂道をグルグルと上下する大きな丸い光をテンコロバシとよんでいた。類似したものに三戸の南郷村に伝わっていたデンデンコロバシがある。夜に坂道を歩いていると、ゴロゴロと転がって来た石が、くるぶしなどに当たるという。これは狐の仕業だと考えられていた（『常民』17）。岡山県のテンコロコロバシも坂道を転がる妖怪であり、ツチノコやツチコロ

ビを含めて、坂道を転がる妖怪は広く全国各地に分布している。

八の太郎

青森県、岩手県、秋田県には、八の太郎（八郎太郎）という名前をもった巨人もしくは蛇神の子の伝承がある。各地に伝わる八の太郎の伝承は、それぞれ少しずつ異なるかたちをもつが、多くは十和田湖や八郎潟などの広い水域を中心に据えたスケールの大きい伝説である。江戸期の津軽に伝わる話は以下のようであった。昔、相内村（現在の五所川原市に位置する）に八の太郎という樵夫がいた。ある日、川で岩魚を釣って食べていると、急に喉が渇いて仕方がなくなった。川の水を飲み始めたが、飲んでも飲んでも喉の渇きが止まらない。ついには異形の体になり、山にも里にもいられなくなってしまった。そこで十三潟（津軽半島北西部の十三湖）に入ろうとすると、もとから棲んでいた河伯（河童）に追い払われ、平川の淵に入ろうとすると、ここでも河伯に責め出された。そうして秋田へ逃げ去って、とある潟の主となった。それが今の八郎潟であるという。別の伝承においては、やはり人間から龍に姿を変えた秋田県田沢湖の「たつこ」と、八の太郎が夫婦であるともいう。

メドツ

津軽や八戸の周辺では、河童に類した妖怪のことをメドツあるいはメドチという。八戸の櫛引八幡宮は馬淵川（まぶちがわ）流域に位置する南部一宮である。大工の名匠、左甚五郎が櫛引八幡宮の本殿を建てた後に、余った木材を川に捨てた。すると、それに精が付いてメドツになり、人や馬を襲うようになってしまった。これに怒った八幡神が鷹を遣わしてメドツを懲らしめたという。本殿に施された彫刻には、以上のような伝承に関わるメドツの彫刻が残されている。また、八戸の昔話には次のようなものもある。甚四郎という男が、子どもたちがいじめていた鷹を買い取ってやった。すると鷹は、田んぼで遊んでいたメドツに襲いかかった。メドツは「えめこ槌（づち）」「えめこ袋（ぶくろ）」という宝物を与えるから許してくれと言い、これを受け取った甚四郎が妻と一緒に槌を振ると、大きな家や米倉が出てきて裕福になった（『青森県史　民俗編』）。青森県を中心に岩手県、宮城県にも広がるメドツやメドチといった妖怪の名称は、古代の水の神「ミヅチ」が変じたものだと考えられている。そうした意味では、北海道に伝わり、やはり「ミヅチ」が変じたものだと考えられている「ミントゥチ」とも近い関係性にある。

高校野球

　青森県に野球が紹介されたのは，1885年ないし86年といわれている.

　1922年の第8回大会に県立第二中学（現在の八戸高校）が予選に初参加，27年には青森師範が青森県勢として初めて全国大会に出場した．戦前は八戸中学が3回，青森師範が2回，青森中学（現在の青森高校）が1回，甲子園に出場している.

　60年夏，青森高校が初戦で東北高校に1－0で勝ち，甲子園初勝利をあげた．63年には東奥義塾高校の小笠原一選手が大会後のハワイ遠征のメンバーに選ばれている．そうした中，69年夏に3季連続出場を果たした三沢高校は，青森県勢として初めて決勝まで進んだ．松山商業との決勝戦は太田幸司と井上明の両投手が力投して両者譲らず，延長18回0－0で引き分け再試合となった．翌日の再試合では2－4で敗れたものの，青森県の野球が全国の頂点に近づいた瞬間だった．この大会で太田投手は「コウちゃん」と呼ばれ，史上空前の人気を博している.

　78年青森県でもついに1県1校となるが，以後88年まで青森県代表は夏の甲子園で11連敗した.

　93年夏，青森山田高校が甲子園に初出場，翌94年には光星学院高校が県大会決勝戦まで進んだ．この両校はいわゆる「野球留学生」を積極的に受け入れている私立高校で，以後青森県はこの2強を中心に展開されることになった.

　99年夏，私立2強のうち青森山田高校がベスト8まで進んだ．青森県勢が甲子園で2勝をあげたのも三沢高校以来30年振りのことであった.

　翌2000年夏には光星学院高校がベスト4まで進出．同校は11年夏から12年夏にかけて3季連続決勝進出という快挙を達成，優勝はできなかったものの全国を代表する強豪校に成長した．現在では青森県代表が夏の甲子園の初戦で敗退することは珍しくなっている.

【秘話】122－0の試合

　1998年夏の青森県大会2回戦（1回戦は両チームとも不戦勝）の東奥義塾高校対深浦高校の試合は，7回コールドながら36年の埼玉県予選で豊岡実業が松山中学相手に記録した72－0という記録を一挙に50点も上回る122－0という公式戦史上最多得点となった．

　勝った東奥義塾高校は甲子園に過去4回出場している強豪なのに対して，負けた深浦高校は部員が10人，しかもそのうちの6人は他部からの助っ人というチームであった．実力の差は歴然で，東奥義塾高校は1回表にいきなり打者42人を送って39得点を入れると，その後も毎回2桁得点を続け，5回を終わった時点ですでに93－0と最多得点記録を更新していた．

　他県だとこの時点でコールドとなることが多いが，当時の青森県では7回までコールドが成立しない規則だったため試合は続けられた．

　実は，5回が終了してグラウンド整備をしている間に，深浦高校の監督は選手に対して「試合放棄をすることもできる」と伝えている．そうすれば記録上は9－0になるからである．しかし選手は拒否，規定通り7回まで試合が続けられ122－0で試合が終わった．東奥義塾高校の4番打者珍田威臣選手は11打席連続ヒットを打ち，12打点をマークしている．また5人の選手がサイクルヒットを達成するなど，記録ずくめの試合となった．

　東奥義塾高校の打ったヒットは86本，ホームランは7本，得た四死球は33個であった．強豪校が初戦で大差となった場合，ヒットが出ても全力疾走しなかったり，気のないスイングで三振したりすることがあるが，東奥義塾高校はこの試合で実に78個もの盗塁を決めており，最後まで手を抜いていなかったことが分かる．一方，深浦高校は東奥義塾高校の5人の投手にまったく手が出ずノーヒットに終わった．

　試合後，東奥義塾高校はマスコミの取材が相次ぎ，次の試合では特に強豪校ではない田名部高校に2－14という大差で敗れた．これまで，地方大会のコールドゲームには統一した決まりはなく，青森県のように7回からの所もあれば，東京都のように3回15点差からという短いものまでさまざまだったが，以後，5回10点差，7回7点差という全国一律の規則が設けられた．

主な高校

青森高 (青森市, 県立)

春0回・夏4回出場
通算1勝4敗

1900年青森第三中学校として創立し, 01年に開校. 09年県立青森中学校と改称した. 48年の学制改革で県立青森高校となり, 50年青森女子高校を統合.

青森第三中学校時代の03年に創部. 青森中学時代の39年夏に甲子園初出場. 戦後も夏の甲子園に3回出場している.

青森北高 (青森市, 県立)

春1回・夏2回出場
通算0勝3敗

1941年青森市立第一中学校として創立. 48年の学制改革で青森市立第一高校となり, 69年県立に移管して青森北高校と改称.

45年に創部し, 青森第一高校時代の62年夏に甲子園初出場. 青森北高校と改称後も, 春夏1回ずつ出場した.

青森山田高 (青森市, 私立)

春2回・夏11回出場
通算12勝13敗

1918年創立の裁縫塾を前身として, 33年山田高等家政女学校として創立. 48年の学制改革で山田高校となる. 62年学校法人を青森山田学園と改称.

54年創部. 93年夏甲子園に初出場すると, 以後は甲子園の常連校として活躍. 99年夏にはベスト8に進出している. 野球留学生が多いことで知られる.

東奥義塾高 (弘前市, 私立)

春0回・夏4回出場
通算3勝4敗

津軽藩学問所稽古館を母体として, 1872年慶応義塾に学んだ旧弘前藩士の菊池九郎が創立. 1913年経営難でいったん廃校となったが, 22年に再興された. 47年の学制改革で東奥義塾高校となる.

再興された22年に創部. 58年夏に甲子園初出場, 63年夏は高知高校を延長10回逆転サヨナラで降して初勝利をあげた. 67年夏にはベスト8まで進んでいる. 98年夏の県大会における深浦高校との122-0の試合で知られる.

八戸高 (八戸市，県立)
春1回・夏6回出場
通算2勝7敗

1893年青森県尋常中学校八戸分校として創立. 99年青森県第二中学校として独立し，1901年県立第二中学校と改称. 48年の学制改革で県立八戸高校となる.

創部年は不明だが，03年の二高主催の東北野球大会に参加しており，それ以前に創部していたことになる. 26年夏に青森県勢として初めて甲子園に出場した. 以来，戦前に3回出場. 戦後も56年春にはベスト4まで進んでいる.

八戸学院光星高 (八戸市，私立)
春10回・夏10回出場
通算31勝20敗，準優勝3回

1956年学校法人白菊学園によって光星学院高校が創立. 59年いったん同校を廃止し，新たに学校法人光星学院によって光星学院高校として再創立された. 2012年八戸学院光星高校と改称.

1956年の創立と同時に創部. 94年から3年連続して夏の県大会決勝で敗れ，97年春に甲子園に初出場すると，以後は常連校となる. 2011年夏，12年春夏と3大会連続して甲子園で準優勝するなど，全国的な強豪校として活躍している. 野球留学生が多いことで知られる.

八戸工大一高 (八戸市，私立)
春1回・夏5回出場
通算3勝6敗

1956年八戸高等電波学校として創立. 59年八戸電波高等学校として高校に昇格，61年八戸電波工業高等学校を経て，75年八戸工業大学第一高校と改称した.

高校に昇格した59年に軟式で創部し，61年に硬式に移行. 83年夏に甲子園に初出場. 87年選抜ではベスト8まで進んで注目を集めた. 近年では2010年夏に出場，初戦を突破している.

弘前学院聖愛高 (弘前市，私立)
春0回，夏1回出場
通算2勝1敗

1886年教会に女学校を開設し，来徳女学校として創立. 89年弘前女学校となる. 1946年聖愛高等女学校と改称. 48年の学制改革で聖愛高校となり，50年弘前学院聖愛高校と改称した. 2000年に共学化.

共学化翌年の01年に創部し，13年夏に甲子園に初出場. 初戦で玉野光

南高を降すと，沖縄尚学高も破って3回戦に進出した．

弘前工 (弘前市，県立) 春2回・夏3回出場 通算1勝5敗

1910年青森県初の県立工業学校として創立．35年弘前工業学校となり，48年学制改革で弘前工業高校に改称．

24年頃から活動したといわれ，27年正式に創部．76年選抜で甲子園に初出場．開会式直後の第1試合で岡山東商業と対戦し，2－3と1点リードされて迎えた9回表1死満塁から相手投手の大暴投でホームをついたがアウトとなり惜敗した．89年夏に初戦を突破している．

弘前実 (弘前市，県立) 春0回・夏5回出場 通算1勝5敗

1922年市立弘前商業補習学校として創立．35年市立弘前商業学校となる．44年工業学校に転換，46年弘前商工学校となる．47年弘前市立商業学校と改称，48年の学制改革で市立弘前商業高校となった．60年弘前市立女子高と合併して弘前実業高校と改称．69年県立に移管．

47年創部．79年夏に甲子園初出場．91年夏には川之江高校を降して初戦を突破している．

三沢高 (三沢市，県立) 春1回・夏2回出場 通算6勝3敗1分，準優勝1回

1954年町立大三沢高校として創立．57年県立に移管し，68年県立三沢高校と改称．

54年創部．68年夏に太田幸司投手を擁して甲子園に初出場し，以後3季連続して出場．69年夏には青森県勢として初めて決勝に進み，延長18回0－0で引き分け再試合の末に松山商業に敗れて準優勝となった．

三沢商 (三沢市，県立) 春0回・夏2回出場 通算0勝2敗

1963年創立，同時に軟式で創部し，翌64年に硬式に移行．86年夏に甲子園初出場．2015年夏には県大会決勝で八戸学院光星高校を降して，県立高校として19年振りに出場した．

㉑青森県大会結果（平成以降）

	優勝校	スコア	準優勝校	ベスト4		甲子園成績
1989年	弘前工	11－1	青森商	弘前実	青森戸山高	3回戦
1990年	八戸工大一高	12－2	東奥義塾高	青森戸山高	八戸高	初戦敗退
1991年	弘前実	7－1	八戸工	三沢高	弘前工	2回戦
1992年	弘前実	11－6	五所川原工	八戸工	大湊高	初戦敗退
1993年	青森山田高	9－3	東奥義塾高	青森戸山高	弘前南高	初戦敗退
1994年	八戸高	7－6	光星学院高	青森山田高	弘前工	初戦敗退
1995年	青森山田高	4－2	光星学院高	野辺地工	青森北高	3回戦
1996年	弘前実	6－4	光星学院高	弘前工	十和田工	初戦敗退
1997年	光星学院高	11－0	青森山田高	弘前高	五所川原工	初戦敗退
1998年	八戸工大一高	3－2	光星学院高	弘前南高	弘前実	初戦敗退
1999年	青森山田高	5－3	光星学院高	平内高	弘前高	ベスト8
2000年	光星学院高	7－1	弘前実	三沢商	弘前工	ベスト4
2001年	光星学院高	3－1	青森高	八戸工大一高	弘前工	ベスト8
2002年	青森山田高	9－2	光星学院高	野辺地西高	弘前工	2回戦
2003年	光星学院高	9－4	青森山田高	大湊高	野辺地西高	ベスト8
2004年	青森山田高	12－0	青森北高	木造高	三沢高	初戦敗退
2005年	青森山田高	8－1	光星学院高	木造高	弘前学院聖愛高	3回戦
2006年	青森山田高	5－4	光星学院高	青森高	東奥義塾高	3回戦
2007年	青森山田高	9－2	八戸工大一高	青森商	八戸西高	2回戦
2008年	青森山田高	4－0	光星学院高	五所川原農林	八戸西高	3回戦
2009年	青森山田高	4－3	大湊高	三沢高	野辺地西高	初戦敗退
2010年	八戸工大一高	3－0	光星学院高	青森工	青森山田高	2回戦
2011年	光星学院高	9－1	野辺地西高	木造高	弘前学院聖愛高	準優勝
2012年	光星学院高	5－3	弘前学院聖愛高	大湊高	弘前東高	準優勝
2013年	弘前学院聖愛高	4－3	弘前高	青森山田高	八戸西高	3回戦
2014年	八戸学院光星高	8－6	青森高	弘前学院聖愛高	青森山田高	ベスト8
2015年	三沢商	2－1	八戸学院光星高	青森高	三本木高	初戦敗退
2016年	八戸学院光星高	11－0	大湊高	八戸西高	弘前学院聖愛高	2回戦
2017年	青森山田高	5－3	八戸学院光星高	八戸工大一高	弘前学院聖愛高	3回戦
2018年	八戸学院光星高	6－4	弘前学院聖愛高	青森山田高	弘前工	2回戦
2019年	八戸学院光星高	12－4	聖愛高	青森商	東奥義塾高	ベスト8
2020年	青森山田高	8－5	八戸学院光星高	弘前実	弘前東高	（中止）

やきもの

下川原人形（鳩笛とりんご娘）

地域の歴史的な背景

　青森県は、北海道に次ぐ寒冷の地である。冬場は、粘土が凍みる。積雪がある所では、野外での窯焼きが不可能になる。したがって、長く陶磁器づくりの発達が見られなかった所である。

　もっとも、古くさかのぼってみると、土器の焼成が確認できる。例えば、東北地方における縄文土器（縄文晩期）の代表的な様式とされる「亀ヶ岡式土器」（亀ヶ岡遺跡：つがる市より出土）は、よく知られるところである。

　よく精製された土器には、皿・鉢・壺などがあり、形も変化に富んでいる。美しい文様で加飾したものもあり、表面を研磨して漆を塗ったものもある。煮沸用に使っただろう深鉢の類は、研磨や加飾がみられず粗製である。

　また、縄文晩期の集落遺跡として知られる三内丸山遺跡（青森市南西部）からも、数多くの土器の出土をみている。

　縄文時代は、地方差はあるものの、特に食べものの煮炊きや土偶信仰に土器が有用であった。縄文土器はほぼ全国的な分布をみるが、中でも東北地方では青森県下で多くの出土例があるのは、改めて注目に値するだろう。

　古代においては、土師器や須恵器が焼かれた形跡もあるが量的には少なく、以後はやきものづくりが途絶えてしまう。原料と気候から、高度な焼成技術が求めにくかったからであろう。ここでも、鉄の刃物が登場してからは、生活の日常容器として木器が先行するのである。

　青森県下で産業としての陶磁器づくりがでてくるのは、江戸時代になってからである。

悪土焼
あくど

　津軽を代表するやきもの。弘前市の西の郊外に当たる旧悪戸村でつくられた陶磁器の総称である。

　悪土焼は、文化7（1810）年の頃、石岡林兵衛が羽後十二所（秋田県大館市）から陶工を連れ帰って下湯口村扇田に窯を築いたことに始まる、という。窯は後に同村の野際に移され、さらに青柳で大正8（1919）年まで続いた。それぞれ、扇田窯、野際窯（野木和窯、野木屋窯）、青柳窯と呼ばれた。

　悪土焼は、陶器が中心で、皿・鉢・壺・瓶・徳利・花器・香炉・植木鉢などの日常雑器が多かった。中でも擂鉢は、その堅さに定評があり、数十年の使用にも耐えた、という。こうした日常雑器ばかりではなく、末期には、茶道具や染付磁器などもつくられている。悪土焼は津軽地方で使用された他、北海道や秋田、山形などにも出された。

　悪土焼の土は、地元の粘土（悪土青粘土）や矢の土と呼ばれる相馬村のものが使用されたようだ。決して良質とはいえない土を使って、陶工たちがさまざまな技法を駆使してつくり続けたのである。主な手法としては、鉄絵・筒描・飛鉋・刷毛目などがある。特に、筒描の縁どりの中に鉄絵を描いたものは、他に類例がないとされる。

　釉薬には、鉄釉系・銅釉系・失透釉などが使われたが、特に特徴的なのが海鼠釉や流し掛けである。悪土焼は備前焼（岡山県）や唐津焼（佐賀県）にも似ているといわれたが、質素な中にもおもむきのある独自の世界をつくり上げていた。

　なお、悪土焼の窯は、明治の廃藩後も石岡家が受け継いで続けたが、鉄道の開通によって他県から大量に安価な陶磁器が入るようになると、それに抗しきれず、大正8（1919）年に閉窯した。

大沢焼

おおさわ

弘前市で焼かれた陶磁器。開窯・閉窯の年代や経緯は定かでない。ただ、大沢焼の祖とされる高谷家の伝承によれば、弘前藩士の高谷金蔵が藩命によって肥前（佐賀県）に赴き、伊万里焼（有田焼）の技法を取得した。そして、帰国後の文化3（1806）年頃、当地に開窯して文化7（1810）年頃まで焼いた、という。現在に残るものは少ないが、窯跡からは白磁や染付磁器の陶片が多く出土し、一部に陶器も見られる。なお、金蔵は、後に下川原（弘前市）に移り、下川原焼に携わっている。

下川原焼

したがわら

下川原窯は、藩の御用窯で、高谷金蔵や太田粂次郎らの手によって開かれ、主として磁器を製造した。だが、天保10（1839）年に、凶作のため藩が窯を維持できなくなり廃窯。その2年後、下土手町の商人後藤又吉が下川原瀬戸座拝借願いを出して窯を受け継いだ。文久2（1862）年には、藩士唐牛吉蔵が箱館瀬戸座から絵師を連れてきて瀬戸座を再興した、という。下川原窯は、慶応2（1866）年に廃窯となった。

下川原焼は、津軽の伊万里風ともいわれ、染付磁器を中心に青磁や瑠璃釉も見られる。製品は、火入や香炉、花器、徳利、飯茶碗、水指、植木鉢など多岐にわたる。

下川原窯が廃窯した後、文化7（1810）年、高谷家がこの地に新たな窯を築き、素焼の土人形をつくり始めた。この下川原土人形は、築窯の際に、弘前藩主9代寧親が津軽には玩具が少ないことを憂い、冬期の閑暇を利用してつくらせたものだ、といわれる。高谷金蔵の甥に当たる太田久太郎がさまざまな人形を創意工夫して、今に伝わる人形の原型の多くを完成させた、という。

大正時代になると、新たな素材の玩具が普及したため土人形の需要は減り、土人形の窯元は高谷家1軒だけになってしまった。だが、高谷家は連綿と伝統をつなぎ、現在に至っている。

下川原人形は、京都の伏見人形や東京の今戸人形、仙台の堤人形、岩

手の花巻人形などの影響を受けているといわれるが、郷土色あふれた創作人形も多い。例えば、「お山参詣」「金魚ねぷた」「りんご娘」など多彩である。人形の他にも、土面や土鈴・鳩笛などもつくられている。中でも鳩笛は、素朴で温かみを感じさせる姿に加え、その音色が実に素朴で高い評価を得ている。

Topics ● 箱膳と「一汁一菜」

　かつて、「箱膳」の使用が各地で見られた。都市部では明治期にちゃぶ台（折りたたみ式の円卓）が普及しだすと箱膳が姿を消したが、地方によっては、第2次大戦後の昭和20年代まで使われていた。

　箱膳は、蓋を逆さにすると膳になる（箱はその台となる）。箱の内には、飯椀（碗）・汁椀（碗）・小皿に箸が納められており、使用時にはこれらを膳の上に並べる。つまり、「一汁一菜」（飯は数えない）の日常の食事形式である。これを用いて食べ終わると、食器をまた箱に納め蓋をする。これを家族銘々で管理するのだ。食器を洗うのは、3日とか5日とかに1回。毎日は飯椀に白湯を注ぎ、箸で飯粒を白湯の中に落とし、それを飲んですませていた。

　この箱膳の中の食器（三器）は、全国的には磁器が中心であった。飯碗や小皿は、磁器。汁椀にも磁器が使われだしたが、漆器を用いる所もあった。ところが、東北地方では、三器とも漆器を用いた所が少なくなかった。中には、小皿だけ磁器という事例もあるが、一般化したとはいいがたい。青森県下での箱膳の残存例を見ると、川連漆器（秋田県）を用いた例が多い。もちろん、明治以降に鉄道で輸送されたものだが、磁器よりも木器（漆器）に頼った生活の伝統がうかがえる。

Ⅳ

風景の文化編

地名由来

消せない「津軽」と「南部」の対立

　「青森県」という県名がしっくり来ない。「青い森」というのは美しいイメージだが、歴史的な背景を考えると、どうにかならなかったかと考えさせられる。岩木山の麓に広がる津軽平野は、桜で有名な弘前市から五所川原市につながり、その先は津軽半島である。一方、太平洋側には八戸市が漁港として存在感を見せ、三沢市を通じて下北半島につながっている。

　その真ん中には八甲田山が聳え、あたかもこの八甲田山を境にして津軽と南部は対立しているように見える。

　津軽地方に勢力を有していた「海の領主」たる安東氏と、甲斐国から移住して糠部（南部領）に「馬の領主」として勢力を張った南部氏とでは、もともと水と油のごとく性格が異なっていたのであろう。

　津軽藩と南部藩はことあるごとに対立を繰り返してきたが、それは戊辰戦争で決定的な対立を生んでしまう。奥羽越列藩同盟で中心的役割を果たしていたのは仙台藩（伊達藩）と盛岡藩（南部藩）であった。一方、官軍側は同盟の切り崩しにかかり、まず久保田（秋田藩）ついで弘前藩（津軽藩）を同盟から脱退させることに成功した。

　慶応4年（1868）9月10日のこと、南部藩の野辺地で戦争が始まった。野辺地を守る南部藩主体の同盟軍に対して、官軍側が攻撃を仕掛けてきた。この時点ですでに官軍側についていた津軽藩は同盟軍に攻撃を仕掛ける予定にしていたが、作戦の失敗で官軍は敗北を喫した。その失敗を取り返そうと9月23日、今度は弘前軍が同盟軍に攻撃を仕掛けたのだが、結果的には30名を超える犠牲者を出して弘前軍は敗北した。

　戊辰戦争そのものは同盟軍の敗北に終わったわけで、両藩の亀裂はそのまま明治以降にも引きずられることになる。

　「青森県」の県名が成立した背景には野田豁通という人物がかかわっている。野田は熊本県生まれで、官軍が奥州で苦戦を強いられていることか

158

ら、助っ人として津軽藩に送られたのだった。当時榎本武揚擁する幕府軍は強力であった。それに対抗するためには箱舘への海のルートを見つけなければならなかった。

　そこで、目をつけたのが小さな港町の「青森」であった。当時「青森」は「弘前」に比べるととるに足らない町だったのだが、箱舘への物資の輸送などで急激に必要度が増していた。

　野田にとってみれば、この青森は自分が整備した町のようなもので、愛着があったのだろう。野田はその後弘前県の大参事となった。彼は弘前県の県庁所在地を弘前に置くことはやめるべきだと考えた。戊辰戦争で亀裂を深めた津軽と南部の関係を少しでも修復するためにも、弘前ではなく、少しでも南部に近い青森に持っていくべきだと考えた。そして県名も「青森県」とした。

　これが「青森県」の県名の成立事情なのだが、県民の皆さんはどうとらえるだろうか。

とっておきの地名

①浅虫温泉
あさむしおんせん
　昔から温泉街・歓楽街として知られ、「東北の熱海」などと呼ばれる。「浅虫」という珍しい地名の由来については、かつてこの地の温泉で「麻を蒸した」ことにちなむというのが定説になっている。伝承によれば、里中に煮え返る温泉があり、ここで麻を蒸すことによって麻蒸と言っていたが、蒸という字は火災に近いこともあって、近世になって「浅虫」と変えたという。（『角川日本地名大辞典 青森県』）

　江戸期から「浅虫村」として存在していたが、明治22年（1889）の町村制施行により、東津軽郡「野内村」「久栗坂村」「浅虫村」が合併されて「野内村」となったが、昭和37年（1962）青森市に編入されて今日に至っている。

②五所川原
ごしょがわら
　津軽平野の中部・北部に位置する。古くは「御所川原」とも書いたという。「五所川原」の由来は、正保2年（1645）の津軽知行高之帳に「五所川原」とあり、「平山日記」によれば、寛文年間（1661～73）岩木川が屈折したことによって5つの村ができたことによるとある（『青森県の地名』）。ほかの文献もほぼ同じで、これが定説である。

一方、古くは「御所川原」と書かれていたことから、天皇にちなむという伝承もある。岩木川の上流にあった五所村に南北朝時代の長慶天皇が崩御されたところに御神体が祀られてあったが、洪水にあって今の元町八幡宮近くに流れついたことから「御所川原」と呼ばれ、後に「五所川原」になったという。

　五所川原市は全国的にも珍しく、大きな飛び地を有しているところに特色がある。十三湖周辺および北一帯がそうであるが、ここは旧「市浦村」地区で、飛び地というよりは五所川原市の中心地区と市浦村地区の2つのエリアで五所川原市は成立していると言ってよい。

　「市浦村」ができたのは、昭和30年（1955）のことで、それまであった「相内村」「脇元村」「十三村」が合併されて成立した。本来はもう1つ「太田村」が入る予定で「四浦村」としようとしたが、「四」は縁起がよくないので、「市浦村」としたとのこと。平成17年（2005）の大合併で、五所川原市と金木町と市浦村が統合されて新・五所川原市が誕生した。なぜ飛び地風になってしまったかについては、旧五所川原地区と旧市浦地区の間にあった中泊町が合併に合意しなかったからと考えられる。ちなみに、中泊町も旧市浦町をはさんで飛び地を有している。

③ 十三湖《じゅうさんこ》　「十三湖」は津軽半島北西部にある汽水湖。地元では「十三潟《がた》」とも呼んでいる。周囲30キロメートルでかなり大きな湖だが、水深は3メートルに満たず、シジミの産地として知られる。日本海に面する「十三」地区には、中世来、日本海沿岸の交易港「十三湊《とさみなと》」が置かれており、外国との交易も広く行われていた。

　「十三湖」という呼び方以外に、「東潟」などとも呼ばれる。由来について『大日本地名辞書』では「津軽一統志」の「此地に湖水あり、十三潟といふ、当郡大小十三の河水此湖に落ちて海に入り、各その固有の水色を失はず」という説を紹介しており、湖に注ぐ河川が十三あったことによると思われる。

④ 龍飛崎《たっぴざき》　阿久悠作詞による石川さゆりのヒット曲「津軽海峡・冬景色」で「竜飛岬《たっぴみさき》」と歌われてしまったので、国民的レベルでは「タッピミサキ」で知られている。実際には「タッピ・ザキ（サキ）」

である。現地の観光客向けには「竜飛岬」という表記がされるケースが多いが、その使用漢字は地図では「龍飛崎」、灯台は「龍飛埼灯台」、漁港名は「竜飛漁港」とまちまちである。

　アイヌ語の「タム・パ」（刀の上端）に由来するというのが通説になっている。確かに津軽半島自体が刀のような形をしており、その先端にあることで、納得できる説である。そのアイヌ語に「龍飛」「竜飛」という漢字を当てたことが面白い。「龍のように激しく吹く風」という意味になり、まさにこの地の気象条件を象徴している。現に、ここでは強風を利用して風力発電も行われている。

⑤野辺地（のへじ）　　下北半島の付け根に位置し、昔から下北方面と青森方面へ行く際の分岐点として知られる。「野辺地」という一見珍しい地名の由来だが、これはアイヌ語の「ヌップペッ」からきていると言われる。「ヌップ」は「野」を意味し、「ペッ」は「川」を意味するアイヌ語である。『大日本地名辞書』では「野水の義なり」としている。

⑥八甲田山（はっこうださん）　　津軽と南部を隔てるように県中央部に広がる複数火山群の総称。最高峰は「八甲田大岳（おおだけ）」で標高1,584メートル。明治35年（1902）に、青森の歩兵第五連隊が雪中行軍の演習で210名中199名が遭難したことで知られる。由来としては、8つ（というよりも多数の意味）の山々の間にたくさんの湿地が点在しているというのが定説になっている。『大日本地名辞書』ではちょっと面白い話を紹介している。

　「南谿東遊記云、津軽領の青森の南に当りて、甲田（カフダ）といへる高山あり、基峰参差として、指を立たるが如くなれば、土俗八甲田といふ、叡山愛宕杯のごとき山を、三つも五つも重ね上たるが如き高山也」

　指を立てているように見えるので、「八甲田」と呼んだとする。その意味で「甲」を使ったというのなら、これもこれで納得がいく。京都盆地でいちばん高い山は愛宕山（標高924メートル）、それに準ずる比叡山（848メートル）などの山々が3つも5つも重なっているという表現も趣があってよい。周辺には酸ヶ湯温泉、谷地温泉、蔦温泉など秘湯を味わえる名湯が点在している。

⑦ **弘前**（ひろさき）　「弘前」をなぜ「ひろさき」と読むかは、時に耳にする疑問である。「崎」ではなく、なぜ「前」と書くのかという疑問だが、この答えは極めて単純である。もともとこの地は「広崎」というところだったというに過ぎない。『大日本地名辞書』には「弘前旧広崎につくる、三才図会にも広崎とあり」とある。たぶん現在の地形から見ても、市の北西を流れる岩本川、東を北に流れる平川の間に洪積台地と沖積平野が広がって突き出しているので、「広崎」と呼んでいたのであろう。

　一方、現在の弘前城のある高台を中心としたエリアは「高岡」「鷹岡」「二ツ石」などとも呼ばれていた。この高岡の地に城を築こうと津軽為信が計画したのは慶長8年（1603）と言われ、慶長16年（1611）に「高岡城」が完成している。この時点では「高岡城」であった。そして、その「高岡城」を「弘前城」に改称したのは二代城主津軽信牧で、信牧が帰依していた天海僧正の命名によるものだと言われる。現在の弘前城のある場所は確かに「高岡」という地名ではあるが、それ以上に、未来に向かって「弘く前を見る城」という意味のほうが発展性があると考えたのだろう。「広」と「弘」とはともに「ひろい」意味だが、「広」はどちらかといえば、物理的空間を示すのに対して、「弘」は学問や精神的な広がりを意味することが多い。そのような判断があったものと推測できる。

難読地名の由来

a.「撫牛子」（弘前市）**b.**「階上」（三戸郡階上町）**c.**「王余魚沢」（青森市）**d.**「尻労」（下北郡東通村）**e.**「水喰」（上北郡東北町）**f.**「雲谷」（青森市）**g.**「後萢」（青森市）**h.**「風合瀬」（西津軽郡深浦町）**i.**「九艘泊」（むつ市）**j.**「苫米地」（三戸郡南部町）

【正解】
a.「ないじょうし」（何らかの意味で牛に関係するか）**b.**「はしかみ」（岩手県境にある階上岳による）**c.**「かれいざわ」（海の魚カレイとの関係は不明で、「乾飯」（かれいい）に由来するか）**d.**「しっかり」（アイヌ語で、「シリ・トゥカリ」（山の手前）を意味する）**e.**「みずはみ」（水を含む土地という意味か）**f.**「もや」（アイヌ語で「小さな山」を意味する）**g.**「うしろやち」（「萢」とはヤチで、湿地帯を意味する）**h.**「かそせ」（風の交差点からと言われる）

i. 「くそうどまり」（波が荒く、10艘の内9艘までがここに停泊して行った
と伝える）　**j.** 「とまべち」（アイヌ語で「茅の茂る淵」の意味という）

商店街

新町商店街（青森市）

青森県の商店街の概観

　青森県は三方を海に囲まれ、中央部に位置する奥羽山脈が県内を二分しているなど、同じ県内でも地域によって異なる風土や文化、産業を育んできた。江戸時代には東部は南部藩領、西部は津軽藩領に分かれており、現在でも「津軽」と「南部」という2つの文化圏が存在している。

　青森県のほぼ中央に位置する県都青森市、津軽の中心都市である弘前市、南部の中心で水産・工業都市である八戸市と3つの大きな都市があり、それぞれが互いに牽制してきたと言われている。都市圏人口についても、青森都市圏が約34万人、弘前都市圏が約32万人、八戸都市圏が約33万人とそれぞれ拮抗している。いずれの都市にもそれぞれ特色ある中心商店街があり、周辺の市町村を商圏として発展してきた。

　県都である青森市は、青森県のほぼ中央に位置しており、人口29万人を超え、江戸時代より本州と北海道をつなぐ交通と物流の要衝として発展してきた。八甲田連峰や陸奥湾などの美しい自然に囲まれ、リンゴや海産物など豊富な食材に恵まれており、商店街は海産物を取り扱う市場を訪れる観光客で賑わいを見せている。また、夏の「青森ねぶた祭」や三内丸山遺跡などを訪れる人々も少なくない。主な商店街はJR青森駅から東に1km伸びる「新町商店街」、隣接する「ニコニコ通り商店街」など青森駅に近い場所に集中している。

　本州最北の城下町である弘前市は、人口およそ18万人、津軽一円における中核都市である。主な商店街は「土手町商店街」であり、市の中心に位置する弘前を代表する商店街である。「土手町商店街」はJR弘前駅前から弘前城址のある弘前公園の間に位置し、上土手町、中土手町、下土手町の3つの地区から構成されており、近年は商店街の再開発も進んでいる。

　八戸市は、太平洋に臨む青森県南東部に位置し、人口は約24万人。臨

　【注】この項目の内容は出典刊行時（2019年）のものです

海部には大規模な工業港、漁港、商業港が整備され、その背後に工業地帯が形成されている。全国屈指の水産都市であり、北東北随一の工業都市でもある。八戸市の中心商店街は、「十三日町」「三日町」「十六日町」「六日町」など市内の中心部に集中しており、さらにこの地域には昭和の空気と人情を感じさせる8つの横丁があり、夜には観光客や地元の人々で賑わっている。

　これらの商店街には、いずれも商店街の核としての地元の百貨店が存在している。青森市、弘前市では「中三百貨店」「さくら野百貨店」、八戸市には「中合三春屋店」「さくら野百貨店」があり、他県では撤退している事例が多いが、青森県では中心商店街の核としての存在感を示している。また、冬期間の降雪など降水量の多い青森市の「新町商店街」や弘前市の「土手町商店街」では、「アーケード」が欠かせない存在となっている。

　近年、青函トンネルの完成や東北新幹線の開通・延伸による県外からの観光客の来県が見られるが、東北新幹線の新青森駅、八戸駅は青森市・八戸市の市街地から離れた場所に設置されたことから、中心商店街の活性化には必ずしもつながっていない面も見られる。むしろ、もともとの青森駅や本八戸駅への乗降客が減少し、駅前商店街など地元への影響が懸念されている。

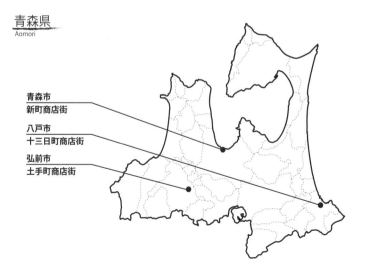

青森県
Aomori

青森市
新町商店街

八戸市
十三日町商店街

弘前市
土手町商店街

新町商店街（青森市）

—海鮮市場が賑わう、人と緑にやさしい街—

　青森市の中心商店街はその起点に JR 青森駅が控えているため、まさに青森市の玄関口であるのが特徴である。この地域は陸、海、空の起点となっており、交通機能上も重要な位置を占めている。JR 青森駅を出ると、多くの商店、飲食店が立ち並び、青森市民および県内外から青森市を訪れる人々にとって、街並みや四季の移ろい、海の香りを楽しみながら、気ままに買い物や散策ができる街並みとなっている。

　北日本の都市は秋から冬にかけて、降雨や降雪の日が多く、商店や買い物客にとって、アーケードは欠かせない存在である。かつては「雁木」であったが、除雪対策が進んだ現在では、雁木に代わって、すべてアーケードが設置されている。

　新町商店街は JR 青森駅から1kmほど続く商店街で、青森市の中心商店街として発展してきたが、1988年の青函連絡船の廃止により駅前からの人通りが急減した。また、モータリゼーションの進展や居住人口の郊外化、病院や図書館といった主要集客施設の移転などが衰退の一因となった。

　こうしたなか、新町商店街では「商店街に訪れる顧客にとって何が一番望ましいのか」ということを検討し、「人と緑にやさしいまちづくり」というコンセプトのもと「福祉対応型商店街」という理念を形成した。その背景には、商店街は商業者単独では生き残れないという危機感と、商店街は商業者だけのものではなく、訪れる人すべてのものであり、半公共的福祉施設であるという意識があったためである。

　フランス語で「こみち」を意味するパサージュ広場には様々な飲食店が立ち並んでいる。車の通行がなく、人々が安心してまち歩きを楽しむことができつつ、若者や意欲のある人たちが商売を始められるような楽しいストリートや広場をつくり出すことにより、青森市の中心市街地活性化を目指した「パサージュ構想」が生まれ、2000年に青森駅近くに多目的広場「パサージュ広場」が整備された。まちのシンボルとなる大木（ドイツトウヒ・樹高8m）やベンチなどを配置し、通路などには融雪施設を設置することで、幅広い市民の交流の場として利用されると同時に、青森市が商業ベンチャー支援事業において、商業者の育成の場所として広場全面を使用して

いる。

　アウガは青森駅前のシンボル的な商業ビルである。市場、ファッション関連の店舗のほか6〜8階には図書館、さらに地下には海産物店を中心に青森の地場産品が並び、観光客にも人気がある。新町商店街に隣接する「ニコニコ通り商店街」は、昭和の雰囲気が残る「通り」や、地元らしい「モノ」や雰囲気が目・耳・舌で味わえる場所である。青森市民の台所「古川市場」では新鮮な魚介類、野菜が手に入り、地元の市民はもとより、全国からの観光客で賑わっている。特にどんぶりごはんにお好みのお刺身を載せて食べる、究極のわがままどんぶり「のっけ丼」の人気が高く、多くの観光客を魅了している。

土手町商店街（弘前市）

―いつも新しさを感じさせる街―

　弘前市は本州最北の城下町で、人口およそ18万人の津軽一円における中核都市である。土手町商店街は弘前を代表する商店街であり、上土手町、中土手町、下土手町の3つの地域から構成されている。

　1878年に県内初の銀行「第五十九国立銀行」が設立され、1894年には弘前駅が開設されるなど、県下一の都市であった。青森と弘前は奥羽本線で接続され、鉄道の開通は弘前に文化、経済の面ではかり知れない恩恵をもたらし、1908年には上土手町に「津軽林檎輸出業組合」の事務所が設置されることにつながった。弘前駅は市街地の外れに建設されたが、結果的に中心市街への動線上にある土手町商店街はその恩恵を受け、また弘前駅前は卸問屋が集まる新しい街として発展していった。

　弘前市は商業の都市であり、その中心が土手町商店街であった。現在でも老舗時計店など、かつての土手町商店街の風景を今に伝える商店も多い。

　明治・大正期には江戸時代から続く老舗の商店を中心に、昭和期に入ってからはデパートや大型商業施設を中核にしながら、時代ごとの需要と供給に合わせてその姿と規模を変えてきたように見える。下土手町商店街は、1事業所当たりの年間販売額が市内の商店街で最も大きい、弘前市の中心商店街である。弘前城から南下する参勤交代の街道に位置し、商人が軒を連ねる通りであった。1898年、第8師団司令部が弘前に置かれたのを契機に、下土手町一帯の呉服屋が繁栄した。1923年には、「かくは宮川呉服店」が東北初のデパートとして開業し、弘前および近隣第一の商店街に成長した。

戦後は、「かくはデパート」を中心とし、さらに発展する。1966年には、土手町通りの拡幅と歩道部分のアーケードが完成し、現在の下土手町商店街の骨格が形成された。その後1970年代に、中三デパート（1968年開業）、紅屋（1971年開業）などの大型店が相次いで出店し、デパートが軒を連ねる津軽圏最大の商店街となった。

　一方、駅前地区においては、アーケード撤去による日除けの新設、融雪システムの導入、カラー舗装、およびストリートファニチャーの設置など街路整備を実施し、現在の商店街の景観が完成した。1979年からは、弘前駅前地区土地区画整理事業が始まった。これ以後、駅前の区割りは大幅に変更された。小売店舗中心の商店街は姿を消し、大規模なホテルやデパートが立ち並んだ。久しぶりに弘前駅前を訪ねた人が"迷子になった"と証言するほど、駅前周辺は大変貌を遂げた。2012年には戦略的中心市街地商業等活性化支援事業費補助金活用事業により、コミュニティスペースと飲食施設、コミュニティFMの放送局を合わせた複合施設「土手町コミュニティパーク」がつくられた。

　中心商店街への集客策が叫ばれて久し

弘前市土手町コミュニティパーク

弘前市上土手町商店街

い。だが近年、土手町通りの活性化事業は一定程度の成果を上げてきた。2013年7月、駅前界隈にも弘前市駅前再開発ビルとして HIRORO（ヒロロ）が開店。市内各地で新たな動きが生まれ始めている。土手町商店街は、古くからの商店やデパートがある下土手町商店街から、近年再開発された上土手町コミュニティパークや上土手町商店街のような「新しさ」が混在している商店街である。

十三日町商店街など（八戸市）
―歴史と文化、レトロな横丁のあるグルメの街―

八戸市は、かつて八戸城（現・三八城公園）の城下町であった。数字の付く町名は毎月その日に「市」が立ち、まちが賑わうように配置されたと言われている。八戸中心商店街は十三日町商店街のほか、十六日町、三日町、六日町、十八日町、廿三日町、朔日町、長横町、番町、鷹匠小路、本八戸駅通りから構成されており、面的な広がりが見られるのが特徴である。

八戸中心商店街のなかで、中合三春屋店、さくら野百貨店といった大型店や専門店、映画館フォーラム八戸、8つの横丁や飲食街などが多数立地しているのが、十三日町商店街である。特に、八戸ポータルミュージアム「はっち」や、市立美術館などの公共施設、路線バスターミナルもあり、多様な機能が集積している。

十三日町には現在まで、古い歴史や伝統、暖簾を誇る店も多くある。なかでも靴や履物の店、老舗の菓子店、生活雑貨・金物店・仏具店など100年にわたって同一業を守り続ける店が存在するということは、特筆すべきである。

さらに八戸中心商店街の「まちなか」には城下町の面影を今に伝え、個性豊かな店が軒を連ねる「横丁」が8カ所もある。「みろく横丁」「たぬき小路」「花小路」「五番街」「ロー丁れんさ街」「八戸昭和通り」「長横町れんさ街」「ハーモニカ横丁」と呼ばれ、いずれも昭和の面影を残しつつ、新しくて明るい横丁で、グルメを楽しみたい観光客に人気がある。

また、郷土を代表する祭り「八戸三社大祭」「八戸えんぶり」に加え、「八戸七夕まつり」「はちのへホコテン」「市民と花のカーニバル」などの主要行事も中心商店街で開催されており、「八戸の顔」として認知され、多くの市民や観光客が訪れている。

花風景

弘前のリンゴ（県花）

地域の特色

　本州最北に位置し、下北と津軽の半島が津軽海峡に突き出し、北海道と相対している。太平洋と日本海に臨み、三方を海に囲まれている。中央を縦断する奥羽山脈と重なって火山帯も走り、恐山、八甲田山、十和田湖と火山地形を形成している。津軽地方のリンゴはわが国最大の出荷を占める。古くは陸奥国であり、近世には主に東部の南部氏盛岡藩と西部の津軽氏弘前藩となるが、明治維新の戊辰戦争で弘前藩は途中で官軍につき、その後しばらく弘前が中心地となる。温帯の北限で冷温帯の気候を示す。

　花風景は、近世の城郭跡の都市公園・由緒ある神社・近代の官庁街・県立自然公園のサクラ名所などがあり、リンゴなどのなりわいの花、山岳の高山植物や半島の自然地域の自生の花木なども特徴的である。

　県花は、後述の花風景でも紹介するが、バラ科リンゴ属のリンゴ（林檎）である。青森県誕生100年を記念して制定された。植物学的にはセイヨウリンゴが正しい。青森県の最高峰で津軽富士と呼ばれる火山の岩木山（1,625メートル）を背景にしたリンゴの花が、春の風物詩として、県民に親しまれ、全国にも知られている。冠雪の山と白色や薄紅色の花が美しい。

主な花風景

弘前公園のサクラ　＊春、日本さくら名所100選

　弘前公園は、弘前市の中心部に位置する総面積約49ヘクタールの城址公園である。弘前城の周辺のお堀端に植えられたサクラは、枝を水面近くまでのびのびと伸ばしボリュームのあるたくさんの花を咲かせ、石垣とお堀の水とサクラが絶妙な対比を構成する。シーズン終盤になるとサクラの花びらがお堀一面を埋め尽くす「花筏」を楽しむことができる。水面に落ちた花びらが風で吹き寄せられたり、オシドリなどが泳いだ後の航跡など

　凡例　＊：観賞最適季節、国立・国定公園、国指定の史跡・名勝・天然記念物、日本遺産、世界遺産・ラムサール条約登録湿地、日本さくら名所100選などを示した

自然のつくり出す美しい造形は一期一会の一瞬の美であり印象深いものがある。また、園内の小川では、サクラの花がさらさらと流れる様を楽しむことができる。城内本丸の天守閣周辺では老幼のシダレザクラの優雅な姿を名峰岩木山と共に楽しむことができる。まさに日本一のサクラである。

弘前公園のサクラは1715（正徳5）年、弘前藩士が25本のカスミザクラなどを京都から取り寄せ城内に植栽したのが始まりとされている。その後城内が荒れ果てたのを見かねた旧藩士の菊池楯衛が1882（明治15）年ソメイヨシノを1,000本植栽、さらに97（同30）年にも1,000本を植栽した。この菊池楯衛は、津軽地域にリンゴ栽培を広め、青森県のリンゴ産業発展の基礎を築いた人物で、「青森りんごの始祖」といわれている人物である。さらに1901（同34）年から3年間で当時皇太子であった大正天皇の結婚記念として1,000本のソメイヨシノが植栽され、現在では52種類2,600本のサクラを見ることができる。

サクラの管理は1952（昭和27）年から本格的に行われるようになった。弘前公園のサクラは「桜守」と呼ばれる樹木医たちが管理するのが特徴で、サクラの剪定にはリンゴの剪定技術が応用されている。「弘前方式」とも呼ばれ、施肥、施肥、薬剤散布などの作業を行うことで、サクラの寿命を100年近く延ばすことに成功している。この管理は若返り法とも呼ばれ、常に若い枝に花をつけ一つの花芽から多くの花を咲かせる。こうした徹底した管理によってボリュームのある花をつけることから弘前公園のサクラは「日本一のサクラ」と呼ばれるようになった。

十和田市官庁街通りのサクラ　＊春

十和田市は、古くからの馬産地であった。戦前には旧陸軍軍馬補充部が設置されたが、戦後間もなく用地が開放され官公庁用地として整備された。条里制のように碁盤の目状に整然と区画され、道の両側には多くの国・県・市の官庁が立ち並ぶ「官庁街通り」となった。

戦前から軍馬補充部のソメイヨシノやアカマツが市民から親しまれていたが、1969（昭和44）年の都市計画街路完成時に植樹帯にソメイヨシノ約150本、アカマツ約170本が植栽され、このサクラが次第に大きくなり現在見頃を迎えている。広い道路にゆったりと植えられたサクラは、壮年期を迎えて自由に枝を伸ばしたくさんの花をつける。また、道路の前面に植

えられたアカマツの緑がサクラの花の色をいっそう引き立てている。

　官庁街には十和田市近代美術館がある。この美術館は、十和田市が推進するアートによるまちづくりプロジェクト Arts Towada の拠点施設として2008（平成20）年に開館した現代美術館である。官庁街通りという屋外空間を舞台に通り全体を一つの美術館に見立てて、多様なアート作品を展開していく世界的にも珍しい試みである。美術館は開館から6年目の14（同26）年には累計100万人の入館者数を突破した。美術館の外の公園には草間彌生、ロン・ミュエクなどの作家による不思議で巨大な現代アートの屋外展示がある。官庁街通りのサクラやアカマツはそれら自体が美術作品の一つであると同時に美術作品の背景ともなっている。現代アートの不思議な造形とサクラの花のコラボレーションは他には見られない風景であり一見の価値がある。

芦野公園のサクラ　　＊春、日本さくら名所100選

　芦野公園は、五所川原市金木町にある芦野湖（別名藤枝溜池）と一体となった約80ヘクタールの自然公園である。作家太宰治が歩いた遊歩道や文学碑などがある。園内にはソメイヨシノを中心に北海道松前から移されたサトザクラなど約1,500本のサクラと約1,800本のクロマツが植えられている。芦野湖畔に植えられたサクラとクロマツは、湖面に映え見事なコントラストをみせる。

　公園内にはストーブ列車で著名な津軽鉄道が通過している。太宰治の小説『津軽』に「踏切番の小屋くらいの小さい駅」と書かれた旧芦野公園駅旧駅舎は、国の登録有形文化財に登録されている。駅周辺一帯にはサクラが植栽されていて、線路の両側に植えられたサクラはまさにサクラの花のトンネルをつくり上げ、その中をくぐり通過する津軽鉄道のレトロ列車との風景は絶好の被写体として、鉄道ファンのみならず多くの人々に感動を与えている。

　藤枝溜池は、1688〜1704（元禄元〜宝永元）年、弘前藩主津軽信政によって、北津軽の新田開墾の灌漑用水源として築造された。池にはつり橋や、水位によって上下する芦野夢の浮橋が横断し、冬季にはガンカモ類などの渡り鳥の越冬地ともなっている。

舘野公園のヤマザクラ　＊春

　舘野公園は上北郡六戸町にある町立の自然公園である。六戸の戸の由来は、鎌倉時代に、南部氏の祖南部光行が源頼朝から糟部五郡を賜った際、郡を九つの戸に分け、一戸ごとに七つの村と一つの牧場を置いたことに由来するといわれる。

　舘野公園は、一般的なソメイヨシノ主体の公園とは異なりヤマザクラが主体であることが特徴で、1905（明治38）年にヤマザクラを植樹したことに始まる。現在ヤマザクラを主体として1,000本余りのサクラが植栽されている。ヤマザクラは、ソメイヨシノの派手さとは異なり、花は地味でしかも花と葉が同時に出る。また、個性が強く開花時期、花つき、葉と花の開く時期、花の色の濃淡と葉の新芽の色、樹の形などさまざまな違いがある。花びらの色は一般的に白色、淡紅色であるが、淡紅紫色や先端の色が濃いものなど変化もみられる。また、新芽から展開しかけの若い葉の色は特に変異が大きく、赤紫色、褐色、黄緑色、緑色などがある。同じ場所に育つヤマザクラでも1週間程度の開花時期のずれがあるため、ソメイヨシノとは違って短期間の開花時期に集中して花見をする必要はなく、じっくりと観賞することができる。江戸時代にソメイヨシノの植栽が普及する前の花見は、長期間にわたって散発的に行われるものであったともいわれている。舘野公園では遠くに連なる残雪の八甲田の峰々を背景としてヤマザクラが咲き、見る者を魅了する大変美しい風景となる。ソメイヨシノが単一・雅・艶であるとすれば、ヤマザクラは多様・鄙・風雅であるといえるかもしれない。

弘前のリンゴ　＊春

　リンゴは、バラ科リンゴ属の落葉高木。植物学上はセイヨウリンゴと呼ぶ。リンゴは、1871（明治4）年に日本に導入され、青森県へは75（同8）年に内務省から3本の苗木が配布され、県庁構内に植えられたのが始まりといわれる。その後、旧弘前藩士菊池楯衛が、リンゴの苗木を津軽地域一円の旧士族を中心に配布したことが、現在津軽地域に広くリンゴが栽培されるきっかけとなった。現在、青森県は全国のリンゴ生産量の約60％を占める日本一のりんご王国となっている。

津軽地方には、至る所にリンゴ畑が広がっている。リンゴの花は葉と同時に咲きソメイヨシノのようにたくさんの花をつける派手さはないが、サクラよりやや遅れて咲くことから、二度目のお花見を楽しむことができる。リンゴは5月に白から薄いピンクを帯びた花を咲かせる。つぼみは外側が赤みが強く、緑の葉とは補色関係になりよく目立つ。花が開くとつぼみの外側の部分（花の裏側）には色が付いていて、内側（花の表側）は白いので、全体として白く見える。花の裏側の色模様は一つ一つ異なっている。品種によって微妙に色合いが異なっていて、主力品種の「フジ」はつぼみがピンク色なので全体に白い花、「世界一」はつぼみがショッキングピンクに近い濃い色になることから全体としてピンク色に見える。リンゴ畑の中を広域農道（愛称アップルロード）が通過している。津軽富士と呼ばれている岩木山の遠望と春には白い花、秋には赤い実をつけるリンゴの木を見ながらのドライブに適した道路となっている。多くの品種がつくられていることから品種ごとに微妙に違った色の花が咲いていることに気付くことができる。

　また、弘前市清水富田にある弘前市リンゴ公園は、約5.2ヘクタールの敷地に、フジなどおなじみの品種から明治・大正の珍しい品種など80品種、約1,500本のリンゴが植えられており、さまざまなリンゴの花の微妙な違いを間近で見ることができる。

横浜町のナノハナ　＊春
（よこはままち）

　下北半島中間部の西側陸奥湾に面して横浜町がある。ナノハナの栽培面積は日本有数でナノハナが町の花となっている。横浜町のナノハナは、5月に花が咲き始め約1カ月間緩やかな斜面を一面鮮やかな黄色で染め上げる。晴れた日には青い空と青い陸奥湾と黄色い菜の花の絨毯が強烈なコントラストを描く。JR大湊線の車窓からも美しい風景を楽しむことができる。

　横浜町のナノハナは、昭和初期の稲の大凶作の後ジャガイモを導入した際に連作障害を避けるために栽培したことに始まる。ナノハナの作付面積は、1998（平成10）年度201ヘクタールと日本一を記録したものの、その後減少し2009（同21）年度は100ヘクタールを割り込んでいる。農業人口の減少や安価な外国産菜種の影響で減り続けるナノハナ畑を守り育てるため、02（同14）年町民によって「菜の花トラスト in 横浜町」が設立された。

主な活動は地元小中学生を交えた「休耕地を菜の花畑にプロジェクト」によって休耕地にナノハナを咲かせること、そこで収穫した菜種から搾った国産菜種油のファンを増やすことで14（同26）年にはナノハナの作付面積・全国第1位となった。

　ナノハナは連作障害が出るため、ナノハナ畑の場所は毎年変わる。また、ナノハナは作物としては難しい状況にあり、安い外国産菜種の輸入や農家の高齢化などにより栽培面積は減少しつつある。美しい花畑は経済事情によって拡大縮小する。横浜町の美しいナノハナ畑を維持するためにはトラスト活動への支援が必要である。

八甲田山の高山植物　　＊春・夏、十和田八幡平国立公園

　八甲田山は、青森市の南側に位置する赤倉岳、井戸岳、大岳など18の成層火山や溶岩円頂丘で構成される火山群の総称である。八甲田山の標高は1,500メートル程度であるが、本州北端に位置しているため、5月中旬頃まで降雪があり10メートルにも及ぶ積雪となる。このような気象条件のため、標高が低いにもかかわらず高山植物が豊富で中部山岳地帯の3,000メートル級の山に匹敵するといわれている。赤倉岳などの火山の山頂部には、岩礫地にヨツバシオガマ、ミヤマオダマキ、イワブクロ、ウサギギクなどが見られる。また、八甲田山には中腹に毛無岱湿原や睡蓮沼、山腹の田代湿原など多くの湿原があり、チングルマ、ヒナザクラ、ショウジョウバカマ、ミツガシワ、ワタスゲ、ミズギク、キンコウカ、サワギキョウなど多くの湿原植物が見られる。

　八甲田山の植物を語る上で特筆すべきものとして東北大学の植物園がある。大正時代、酸ヶ湯温泉を経営していた湯主の一人郡場直世の妻・フミは、近辺の高山植物を採集してその標本を各地の研究機関に寄贈。これによって早くから八甲田山の植生が研究されることとなり、酸ヶ湯温泉の協力もあって温泉の近傍地に1929（昭和4）年、東北帝国大学の研究施設（現東北大学植物園八甲田分園）がつくられた。植物園内には歩道が整備され、八甲田山の代表的な植物シラネアオイ、ワタスゲ、ハクサンシャクナゲ、ゼンテイカなどを容易に見ることができる。

公園 / 庭園

国立公園十和田湖・乙女の像

地域の特色

　青森県は本州最北に位置し、下北半島と津軽半島が北の津軽海峡に突き出し、北海道と相対している。東は太平洋、西は日本海に臨み、三方を海に囲まれている。温帯気候の北限で、古くは陸奥の国と呼ばれ、夏は短く冬は長い厳しい環境の土地であった。奥羽山脈が中央を縦断し、東部は火山灰などに覆われた三本木原台地、西部は沖積低地の津軽平野と岩木山や白神山地を擁する出羽山地になっている。奥羽山脈と重なるように東日本火山帯の旧那須火山帯も走り、恐山、八甲田山、十和田湖と火山を形成し、温泉地も多い。白神山地は秋田県との県境をなし、原生的なブナの天然林が広がっている。

　青森県は生物分布上特異で、八甲田山の亜高山帯はアオモリトドマツ、コメツガなどの常緑針葉樹生育地の北限となっている。下北半島山地部はニホンザル生息地の北限であり、ツキノワグマも本州までである。幕末から明治時代にかけて約20年間函館に住んだイギリス出身の元軍人・貿易商で鳥類学者のトマス・ブレキストンは津軽海峡が動物の分布境界線となっているとの説を提唱し、ブレキストン線と命名された。しかし、近年の研究では境界線の重要性は低下している。先史時代の遺跡は多く、特に縄文時代の集落跡の三内丸山遺跡は有名である。

　県面積の70%弱が森林であり、津軽地方を中心とするリンゴの出荷はわが国の半分以上を占めている。主な都市は交通の要衝の青森、工業地帯の八戸、古い城下町の弘前などであり、八戸、大間、青森などは北洋その他の遠洋漁業の港として活気がある。

　自然は、ブナ林の世界自然遺産、火山を中心とする国立公園、海岸を中心とする国定公園と多彩である。なお、2013（平成25）年、種差海岸階上岳県立自然公園が三陸復興国立公園に編入された。都市公園・庭園は弘前藩（津軽藩・現青森県西部）や遺跡に由来しているものが特徴的である。

🉠 十和田八幡平国立公園十和田湖　＊特別名勝、特別天然記念物

　十和田湖は青森県と秋田県の県境に位置する火山の二重カルデラの湖である。湖は急峻なカルデラ壁に囲まれ、水際までブナ、カツラなどの紅葉の美しい落葉広葉樹に覆われている。ブナ林は陽光に透きとおる黄葉となり、特に美しい。湖に突き出す二つの半島が特徴的で、御倉半島の先端部の丸い御倉山は溶岩円頂丘である。中山半島の付け根には十和田神社があり、湖畔に彫刻家・詩人の高村光太郎の「乙女の像」が立っている。乙女の像は青森県の依頼で1953（昭和28）年に設置された。光太郎は十和田湖の自然美を見つめ、2体の裸婦像の発想にいたる。秋田県側の発荷峠からは十和田湖と八甲田山が見渡せる。付近には温泉地が多い。十和田湖からの唯一流出する奥入瀬川は子ノ口から焼山にいたる奥入瀬渓流をなし、豊富な清流と広葉樹の錦秋は感動的である。

　十和田神社は中世以降の修験道の古い神社で、近世の南部藩（現青森県・岩手県の一部）においては恐山とともに二大霊場となっていた。江戸後期の東北の記録を多く残した菅江真澄は1807（文化4）年の紀行文『十曲湖』で付近の鉱山について記している。1908（明治41）年、紀行文家の大町桂月は雑誌『太陽』に「奥羽一周記」を載せ、十和田湖、奥入瀬、蔦温泉などを詳しく紹介し、翌年には、同じ文章を「十和田湖」と改題して、『行雲流水』所収で出版し、十和田湖の名を世に広くとどろかせた。

　十和田湖は1927（昭和2）年の東京日日新聞などの「日本八景」では湖沼の部で第1位に選ばれる。国立公園は21（大正10）年に候補地16カ所が選ばれるが、「十和田国立公園」はこの時から入り、32（昭和7）年の12カ所の選定でも問題なく内定する。しかし、実際の12カ所の指定は1934～36（昭和9～11）年に3群に分かれ、十和田は最後の1群になってしまう。十和田湖・奥入瀬渓流には水力発電と三本木原国営開墾事業のための灌漑用水の取水問題があったからである。十和田湖の東北東に位置する三本木原は3本の木しか生えていないといわれた十和田湖カルデラ火山の火山灰などでできた不毛の台地で、江戸時代から困難な用水路開設が行われてきた。内務省と農林省の間で調整されるが、実施段階で国立公園と産業が両立する

よう調整を図るという問題先送りであった。結局、開発が進み、十和田湖の水位変動や奥入瀬渓流の流量変動が起きるが、人目には自然破壊と映らないように慎重に行われている。

🏛 十和田八幡平国立公園八甲田山 　＊日本百名山

　十和田湖の北に広がる八甲田山は大岳（1,585m）を最高峰とする火山群で、ロープウェイがかかる北八甲田と湿原が点在する南八甲田に分かれ、冬は樹氷の雪原を見せる。山麓にはオオシラビソなどの森林が広がる。1902（明治35）年の210名中199名の犠牲者を出した陸軍の雪中行軍で知られる場所であり、新田次郎の小説『八甲田山死の彷徨』（1971）にもなった。酸ヶ湯温泉は鄙びた木製の大浴槽で、独特の雰囲気をもっている。

🏛 三陸復興国立公園種差海岸・階上岳

　種差海岸階上岳は、三陸海岸北部の海岸段丘の地形を示している。海岸は、岩礁海岸、砂浜海岸、海食海岸と変化に富み、馬の放牧などによって維持されてきたシバ草原の風景が広がっている。海浜植物、海鳥など生物相も豊かである。階上岳（739m）は北上山地の最北の山であり、山頂からは、太平洋の大海原や八甲田連峰、北上山地の山々が一望できる。

🏛 津軽国定公園白神山地・岩木山 　＊世界遺産、日本百名山

　白神山地は原生的なブナの天然林を誇る1,000m級の山地で、青森県と秋田県にまたがり、白神山地世界自然遺産はその一部が登録された。青森県側の白神岳（1,235m）が世界遺産の一角を占める。白神山地の北西山麓には33カ所の湖沼群からなる十二湖がある。透明な藍色の青池は神秘的である。岩木山（1,625m）は津軽富士と呼ばれる整った成層火山で、古くからの山岳信仰の名山である。リンゴの花と一体に被写体となることが多い。

　わが国の山岳風景の評価の変遷は、大きな流れとして、古代以来の名山・霊山と称された山岳信仰の山、江戸後期～明治前期の奇峰・奇岩の山、明治後期～昭和前期の自然科学・アルピニズムで評価された山、昭和後期以降の登山・観光の大衆化の山に大別できる。これらを名山・霊山の山岳信仰の山、橘南谿『東遊記』（1795～97）の名山論の山、谷文晁『日本名山

図会』(1812) の山、志賀重昂『日本風景論』(1894) 掲載の山、高島北海『写山要訣』(1903) 挿図の山、自然公園の高山・火山・アルピニズムの山、深田久弥『日本百名山』(1964) の山から分析してみると、これらすべてに出てくる山は、富士山は当然として、北から岩木山、岩手山、鳥海山、立山、白山、霧島山であった。これらは過去から現在まで、意味付けを変えながらも、伝統的風景観から近代的風景観まで常に価値付けられ、愛でられ、評価され続けた山であるといえる。

目 下北半島国定公園恐山

恐山は下北半島の中央部に位置する火山の外輪山の総称で、外輪山の最高峰は釜臥山 (879m) である。外輪山の中のカルデラには宇曽利山湖があり、北岸には恐山菩提寺があり、周辺は噴気現象や温泉が多い。荒涼とした火山岩の地獄と美しい湖の極楽浜があるとされ、比叡山、高野山とともに日本三大霊場ともいわれる。シャーマニズムの流れをくむイタコと呼ばれる巫女が死者の声を聞かせてくれる風習が残っている。

都 弘前公園　*史跡、重要文化財、日本の都市公園 100 選、日本の歴史公園 100 選

弘前市に位置する弘前城跡につくられた公園である。大正天皇が皇太子の時に公園を訪れ「鷹揚園」と命名したことから鷹揚公園とも呼ばれる。弘前城は1611 (慶長16) 年に2代藩主津軽信牧によって完成した津軽藩の居城である。現在の天守は3層の木造で1810 (文化7) 年に9代藩主寧親が再建したものである。明治維新の廃藩置県で全国の城郭が取り壊されるなか、戊辰戦争の途中から政府軍に味方したという理由で天守や櫓、門が壊されずに残ったといわれている。これらの建造物はすべて国の重要文化財に指定されている。

明治以降は長い間陸軍省の管理下で放置され数百年育ったマツやスギが茂る自然公園のようになっていたが、津軽家が15年間借用することになり1895 (明治28) 年に公園として解放された。桜の名所になったのは、旧弘前藩士の内山覚弥らが私財を投じて桜を植栽したのがきっかけで、1903 (明治36) 年までに1,000本の桜が植えられたという。最初の観桜会は18 (大正7) 年に弘前商工会が開いたもので、花火や仮装行列で賑わった。現在も4月末から5月上旬にかけて「弘前さくらまつり」が開催され約2,000本の桜

を楽しむことができる。88（昭和63）年には陸軍兵器部があった三の丸に植物園が開園した。7haを超える園地に桜の古木をはじめ、約1,500種、12万本以上の植物が育つ。公園の北側に隣接する武家屋敷の一部は78（昭和53）年に弘前市仲町重要伝統的建造物群保存地区に選定された。現在も人々が生活する静かな通りで敷地割りや生垣から武家屋敷だった時代を感じることができる。

　2015（平成27）年からは100年ぶりに本丸の石垣の大修理が始まった。石垣の上にある天守は修理のために3カ月かけて別の場所に曳家された。曳家とは建物を解体せずに、まるごと持ち上げてゆっくりと移動させる方法で、弘前公園では「曳家ウィーク」というイベントが開催され、市民や観光客約100人が綱を引いて400トンの天守を動かした。

都 三内丸山遺跡　＊特別史跡、日本の歴史公園100選

　青森市の南西、東北新幹線新青森駅の南約2kmに所在する縄文時代の集落跡を整備した公園である。1992（平成4）年から県営野球場を建設する目的で発掘調査が行われ、2年後に巨大な建造物に使われた直径1mもあるクリの柱の跡が見つかった。そのほかにも、5,500年から4,000年前の竪穴住居の跡や大人の墓、子どもの墓、粘土を採掘した穴などが見つかり、当時の人々の暮らしが明らかになった。捨てられた大量のクリの実の皮から当時はクリが暮らしに欠かせない植物だったことがわかった。97（平成9年）年に国の史跡に、2000（平成12）年に特別史跡に指定され、02（平成14）年にはビジターセンターの縄文時遊館がオープンした。巨大な柱穴の遺構は壊れないように表面を樹脂で強化し屋根をかけて保護され、実物を見て大きさを体感することができる。また、竪穴住居や巨大な掘立柱の建物が復元され、クリも植えられており、縄文のむらの風景を満喫することができる。

都 合浦公園　＊日本の都市公園100選、日本の歴史公園100選

　合浦公園は青森駅から約4km東、青森市の海沿いにある。弘前藩士柿崎家に生まれた水原衛作が創設した青森県で最も古い公園である。水原は函館公園の開設に影響をうけ、誰もが楽しみ健康になることができる公園を青森につくりたいと考えた。しかし当時は公園というハイカラな発想が

一般市民に受け入れられず、1876（明治9）年に提案した最初の公園設置案は実現しなかった。2回目の提案がようやく実り、私財を投じて94（明治27）年に公園開設にこぎつけることができた。開園をみることなく病死した水原の跡を継いだ実弟の柿崎巳十郎は青森町に公園を無償譲渡し合浦公園となった。開園直後の写真を見るとマツ林に池、芝生、刈り込まれた樹木がある明るい公園だったことがわかる。公園には海水浴場があり、三誉の松は青森市の天然記念物に指定されている。

庭 盛美園 ＊名勝

　清藤家は江戸時代に大庄屋を務めていて、24代当主の清藤盛美（1914年没）も地主だったが、尾上銀行の頭取になっている。平川市猿賀石林に位置する盛美園は、盛美が1902（明治35）年から9年を費やして完成させたもので、庭園の面積は約12,000m²（約3,600坪）と広い。

　盛美園は津軽地方に伝わる作庭技法「武学流」の代表的な作品とされている。作庭者は邸内の碑から、武学流を名乗っていた小幡亭樹だったことがわかっている。「大石武学流」ともいうように、大石を使った武骨な庭園というのが、作庭技法の特徴だった。建物は、2階はドーム屋根をもつ洋風建築なのだが、1階は木造和風という和洋折衷様式になっている。しかし、築山側から見ると何の違和感もなく、青緑色の屋根が美しい洋風建築に見える。庭園は園池を中心にしているのだが、手前に砂利を敷いて枯山水をつくっているために、庭園と建物が近づく感じで、園池とも一体感がある。園池の背後には築山が設けられているが、左右の築山の間に津軽平野の風景を眺めることができる。

庭 瑞楽園 ＊名勝

　弘前市大字宮舘の瑞楽園は、かつては宮舘地区の豪農対馬氏の所有だった。1890〜1905（明治23〜38）年に武学流の第一人者といわれた高橋亭山が作庭したものを、1928〜36（昭和3〜11）年に門人の池田亭月と外崎亭陽が増改修している。園池がない石組だけの枯山水だが、見る人を飽きさせない。大胆に飛石が打たれていて、大きな庭石と燈籠が置かれているのが、大石武学流としての見どころだろう。現在は弘前市の所有で、管理人の説明を聞きながら、建物内から庭園を眺めるようになっている。

地域の特性

　青森県は、本州最北端に位置する県であり、奥羽山脈によって東の南部地方、西の津軽地方に分けられる。本州最北端、大間崎のある下北半島は、陸奥湾をはさんで西の津軽半島と向き合っており、恐山の霊場や仏ヶ浦の見事な海食崖など見所が多い。県庁所在地の青森市は青函連絡船の拠点であった。近くに縄文遺跡の三内丸山遺跡があり、南部は八甲田山からカルデラ湖の十和田湖へと続く。十和田湖から流れ出る奥入瀬渓谷は、十和田八幡平国立公園のハイライトであり、新緑や紅葉の季節には多くの観光客で賑わう。

　西部は津軽平野の農村地域であり、中心の弘前市は近世期には津軽氏10万石の城下町であった。桜の花で覆われる弘前城、武家屋敷の続く歴史的町並みなど歴史遺産も豊富である。丘の上からは秀麗な津軽富士の岩木山をバックに、一面に広がる日本最大のリンゴ園が眺められる（生産量は全国の58％）。世界遺産の白神山地のブナの原生林や十三湖の湖沼群が点在し、日本海に沈む夕日を眺めるのも楽しい。

◆旧国名：陸奥　県花：リンゴノハナ　県鳥：ハクチョウ

温泉地の特色

　県内には宿泊施設のある温泉地が143カ所あり、源泉総数は1,093カ所、湧出量は毎分14万ℓで全国4位であり、温泉資源に恵まれている。年間延べ宿泊客数は136万人で全国27位にランクされる。新興の犬落瀬堀切沢が宿泊客数45万人で最も多く、次いで浅虫（20万人）、奥入瀬十和田（12万人）が上位を占める。その他、10万人未満の中小規模の温泉地が山間部に多く分布している。

　国民保養温泉地は1954（昭和29）年に日本で最初に指定された酸ヶ湯が知られるが、その後に薬研が加わった。その年間延べ宿泊客数は7万

4,000人である。観光、保養に適した温泉地は、浅虫、嶽、大鰐、碇ヶ関、蔦や新興の古牧などがあり、自炊施設の伝統を守っている温湯、日本海に沈む夕日の露天風呂で知られる不老ふ死、下北半島のヒバ林に覆われた薬研など、個性的な温泉地も数多く分布している。

主な温泉地

①酸ヶ湯（すかゆ）
国民保養温泉地
硫酸塩泉

　県中南部、十和田八幡平国立公園内、八甲田山西麓の標高925ｍに位置し、我が国を代表する湯治場として発展してきた。温泉は硫酸塩泉が毎分300ℓほど自噴し、泉温40℃前後の湯が一度に350名ほど入浴できる有名なヒバの大浴場（千人風呂）に利用されている。混浴の浴槽は「熱の湯」「冷えの湯」「四分六分の湯」と「鹿の湯（滝湯）」に分かれている。1954（昭和29）年、日光湯元、四万とともに日本で最初の国民保養温泉地に指定された。温泉療養や保養を目的とした滞在型の湯治客だけではなく、ブナ林に覆われた一軒宿の風情や総ヒバ造りの千人風呂大浴場などを求めて訪れる観光の宿泊客や日帰り客も多い。

　温泉は江戸時代の1684（貞享元）年に発見され、地元有志が湯治宿を開業したのは明治初年である。年間延べ7万人ほどの宿泊客が訪れているが、近年、滞在日数は3～4泊ほどと短くなり、観光市場は青森県内のほか、東北各地や関東地方へと広域化している。酸ヶ湯は新緑と紅葉が素晴らしく、スキーや登山の野外レクリエーションにも適している。周辺の蔦、谷地、猿倉、青荷などの温泉地や十和田湖と奥入瀬渓流を巡る観光ルートの拠点でもある。

交通：JR奥羽本線新青森駅、バス1時間半

②薬研（やげん）
国民保養温泉地
単純温泉

　県北部、下北半島北部に位置し、日本三大美林のヒバの原生林で覆われた山地にある温泉地で、下北半島国定公園や津軽国定公園を巡る観光の拠点ともなっている。1971（昭和46）年に国民保養温泉地に指定された。この温泉地は大畑川上流の渓谷にあり、温泉が湧出する場所の地形が漢方の薬種を粉にする器（薬研）に似ているのでこの地名がつけられたという。

近世初期の寛文年間（17世紀中葉）に南部藩の湯守が入山したという歴史を有する。近くの奥薬研では河床から温泉が湧いており、露天風呂もある。一帯は秋の紅葉が素晴らしく、イワナ、ヤマメが生息し、アユが放流されていて県下有数の川釣り場となっている。

交通：JR大湊線下北駅、バス45分

③不老ふ死（ふろうふし）　塩化物泉

　県南西部、日本海に面する一軒宿の秘湯的な温泉地が、近年では海岸の岩場に造られた露天風呂からの夕日鑑賞が脚光を浴び、数多くの観光客を集めるようになった。かつて、JR五能線の艫作駅（へなし）から徒歩15分ほどの海岸にあるこの地での温泉掘削は困難を極めたが、幸いに温泉開発に成功し、地下200mから52℃の黄褐色の温泉が毎分400ℓほど湧出している。近くには世界遺産に指定された「白神山地ブナ原生林」があり、自然保護に尽力された先人の労苦を知るためにも訪れるとよい。

交通：JR五能線艫作駅、徒歩15分

④浅虫（あさむし）　硫酸塩泉、塩化物泉

　県中央部、青森湾に面し、東北地方を代表する観光温泉地として知られる。歓楽色が強かったため、近年の客の観光志向性が変化するなかで、近隣の保養温泉地の成長に比べて宿泊客数は停滞気味であるが、年間20万人の宿泊客を受け入れている。2010（平成22）年12月4日には、東北新幹線の延長に伴ってJR線の浅虫温泉駅はなくなり（青い森鉄道線に譲渡）、新たな取り組みが求められている。

　鎌倉初期、円光大師諸国巡錫の際に鹿が海浜で湯浴みしていたため温泉が発見されたが、地元民は入浴するよりも麻を蒸していたので、後にこれが浅虫の地名に転訛したという。青森湾に浮かぶ湯の島、裸島や夏泊半島の景観、海水浴の適地である砂浜海岸を観光資源としており、観光立地条件に恵まれている。第2次世界大戦後は観光化、歓楽化の道をたどり、今日にいたった。泉質は硫酸塩泉、塩化物泉で、高温の源泉は100を超え、湧出量も多いので、集中管理方式のもとに規模の大きな浴場施設に利用されている。今後は日帰り客も受け入れつつ、周辺の性格の異なる温泉地との連携を図って、湯めぐり観光客の増加を推進することも期待される。青

森県出身で文化勲章受章者の版画家棟方志功は、浅虫温泉の椿館を定宿としていたので、関係資料が残されている。

交通：青い森鉄道浅虫温泉駅

⑤ **百沢**（ひゃくざわ）　炭酸水素塩泉

　県中央部、弘前市の西方、岩木山麓にある温泉地であり、42℃以上の高温泉が多く、毎分湧出量も約3,000ℓで著しく多い。岩木山神社の参詣登山客、スキー客の立ち寄りや宿泊が多く、手頃な料金で宿泊でき、年間延べ宿泊客数は約3万人を数える。

交通：JR奥羽本線弘前駅、バス45分

⑥ **温湯**（ぬるゆ）　塩化物泉

　県中央部、黒石市の浅瀬石川河畔にあり、450年ほど前に鶴の湯浴で発見されたという。共同浴場を囲んで内湯のない客舎が建ち並ぶユニークな集落形態の温泉地である。客舎は自炊をして長期滞在をする湯治客専門の宿であり、共同浴場の温泉は、50℃を超える高温の塩化物泉が利用されている。温湯は伝統的な津軽系こけしの産地でもあり、その継承が望まれている。

交通：弘南鉄道黒石駅、バス20分

⑦ **青荷**（あおに）　単純温泉

　県中南部、黒石市にある秘湯であり、ランプの宿として知られている。源泉は42℃以上であり、湧出量も毎分300ℓで多く、温泉資源は優れている。年間延べ宿泊客数も18,000人と多いが、日帰り客も秘湯の風情を味わうことができる。

交通：弘南鉄道黒石駅、バス45分

⑧ **大鰐**（おおわに）　塩化物泉

　県中南部、東北自動車道の近くに歴史のある大鰐温泉が立地している。約100本の源泉があり、いずれも42℃以上の自噴泉が湧出するが、利用源泉はわずかに3本であり、毎分1,100ℓの温泉が利用されている。大鰐温泉の開湯は、1190（建久4）年頃に円智上人が病に倒れた際に大日如来の

分身が夢枕に立ち、この温泉に浴すれば病が治るとのお告げを受け、その後の大鰐温泉の発展をもたらしたという。また、1593（文禄2）年、津軽藩主の津軽為信が眼病にかかった際、薬師如来のお告げを受けて大石の下から湧く熱湯を発見したともいわれる。温泉地は平川の河岸に立地し、豊富な温泉資源を利用して共同浴場が8カ所もある。スキー場として知られているが、流水プールやウォータースライダーのある「スパガーデン湯～とぴあ」をオープンさせるなど、四季を通じての多様な客層の誘致を図ったが、現在閉鎖されている。行事として、丑湯まつり（土用丑の日の2日間）がある。

交通：JR奥羽本線大鰐温泉駅、徒歩10分

⑨蔦（つた）　単純温泉　硫酸塩泉

　県中南部、八甲田山東麓の標高480mに位置し、ブナの原生林に覆われた一軒宿の秘湯である。明治の文豪の大町桂月が晩年を過ごした温泉地としても知られる。地下から温泉が湧き出している浴槽はブナとヒバの木造りで、山の秘湯の風情を味わえる。近くの遊歩道を散策すれば、小鳥や植生の観察を兼ねて点在する蔦七沼を巡ることもできる。

交通：JR東北新幹線新青森駅、バス1時間50分

⑩古牧（こまき）　単純温泉

　県東部、三沢市にある温泉地であり、1991（平成3）年に旧財閥渋沢栄一の邸宅が現在地に移築され、22万坪の広大な土地が総合温泉観光公園として開発され、大浴場や温水プール、日本庭園、民俗博物館、南部曲がり家などが配置された。落ち着いた雰囲気のもとに、屋内には総ヒバ造りの温泉大浴揚、屋外にも大露天風呂が配置されており、ユニークである。現在、星野リゾートグループが諸施設を引き継いで経営している。

交通：青い森鉄道三沢駅、徒歩5分

執筆者 / 出典一覧

※参考参照文献は紙面の都合上割愛
しましたので各出典をご覧ください

Ⅰ. 歴史の文化編

【遺　　跡】　石神裕之　（京都芸術大学歴史遺産学科教授）『47都道府県・遺跡百科』(2018)

【国宝 / 重要文化財】　森本和男　（歴史家）『47都道府県・国宝 / 重要文化財百科』(2018)

【城　　郭】　西ヶ谷恭弘　（日本城郭史学会代表）『47都道府県・城郭百科』(2022)

【戦国大名】　森岡浩　（姓氏研究家）『47都道府県・戦国大名百科』(2023)

【名門 / 名家】　森岡浩　（姓氏研究家）『47都道府県・名門 / 名家百科』(2020)

【博物館】　草刈清人　（ミュージアム・フリーター）・可児光生　（美濃加茂市民ミュージアム館長）・坂本昇　（伊丹市昆虫館館長）・髙田浩二　（元海の中道海洋生態科学館館長）『47都道府県・博物館百科』(2022)

【名　　字】　森岡浩　（姓氏研究家）『47都道府県・名字百科』(2019)

Ⅱ. 食の文化編

【米 / 雑穀】　井上繁　（日本経済新聞社社友）『47都道府県・米 / 雑穀百科』(2017)

【こなもの】　成瀬宇平　（鎌倉女子大学名誉教授）『47都道府県・こなもの食文化百科』(2012)

【くだもの】　井上繁　（日本経済新聞社社友）『47都道府県・くだもの百科』(2017)

【魚　　食】　成瀬宇平　（鎌倉女子大学名誉教授）『47都道府県・魚食文化百科』(2011)

【肉　　食】　成瀬宇平　（鎌倉女子大学名誉教授）・横山次郎　（日本農産工業株式会社）『47都道府県・肉食文化百科』(2015)

【地　　鶏】　成瀬宇平　（鎌倉女子大学名誉教授）・横山次郎　（日本農産工業株式会社）『47都道府県・地鶏百科』(2014)

【汁　　物】　野﨑洋光　（元「分とく山」総料理長）・成瀬宇平　（鎌倉女子大学名誉教授）『47都道府県・汁物百科』(2015)

【伝統調味料】　成瀬宇平　（鎌倉女子大学名誉教授）『47都道府県・伝統調味料百科』(2013)

【発　　酵】　北本勝ひこ　（日本薬科大学特任教授）『47都道府県・発酵文化百科』(2021)

【和菓子／郷土菓子】	亀井千歩子　（日本地域文化研究所代表）『47都道府県・和菓子／郷土菓子百科』(2016)
【乾物／干物】	星名桂治　（日本かんぶつ協会シニアアドバイザー)『47都道府県・乾物／干物百科』(2017)

Ⅲ．営みの文化編

【伝統行事】	神崎宣武　（民俗学者)『47都道府県・伝統行事百科』(2012)
【寺社信仰】	中山和久　（人間総合科学大学人間科学部教授)『47都道府県・寺社信仰百科』(2017)
【伝統工芸】	関根由子・指田京子・佐々木千雅子　（和くらし・くらぶ)『47都道府県・伝統工芸百科』(2021)
【民　話】	新田寿弘　（日本口承文芸学会会員)／花部英雄・小堀光夫編『47都道府県・民話百科』(2019)
【妖怪伝承】	今井秀和　（共立女子大学文芸学部准教授)／飯倉義之・香川雅信編、常光 徹・小松和彦監修『47都道府県・妖怪伝承百科』(2017)イラスト©東雲騎人
【高校野球】	森岡 浩　（姓氏研究家)『47都道府県・高校野球百科』(2021)
【やきもの】	神崎宣武　（民俗学者)『47都道府県・やきもの百科』(2021)

Ⅳ．風景の文化編

【地名由来】	谷川彰英　（筑波大学名誉教授)『47都道府県・地名由来百科』(2015)
【商店街】	南波 純　（山形県鶴岡市立鶴岡第一中学校教諭)／正木久仁・杉山伸一編著『47都道府県・商店街百科』(2019)
【花風景】	西田正憲　（奈良県立大学名誉教授)『47都道府県・花風景百科』(2019)
【公園／庭園】	西田正憲　（奈良県立大学名誉教授)・飛田範夫　（庭園史研究家)・井原 縁　（奈良県立大学地域創造学部教授)・黒田乃生　（筑波大学芸術系教授)『47都道府県・公園／庭園百科』(2017)
【温　泉】	山村順次　（元城西国際大学観光学部教授)『47都道府県・温泉百科』(2015)

索　　引

189

47都道府県ご当地文化百科・青森県

令和6年6月30日　発　行

編　者　丸　善　出　版

発行者　池　田　和　博

発行所　丸善出版株式会社
〒101-0051 東京都千代田区神田神保町二丁目17番
編集：電話 (03)3512-3264／FAX (03)3512-3272
営業：電話 (03)3512-3256／FAX (03)3512-3270
https://www.maruzen-publishing.co.jp

組版印刷・富士美術印刷株式会社／製本・株式会社 松岳社

ISBN 978-4-621-30925-4　C 0525　　　　Printed in Japan